贝克通识文库

李雪涛　主编

德意志精神
101个德国名人

[德] 埃德加·沃尔夫鲁姆 著
[德] 施特凡·韦斯特曼

张欣 译

北京出版集团
北京出版社

著作权合同登记号：图字 01-2017-7310

DIE 101 WICHTIGSTEN PERSONEN DER DEUTSCHEN GESCHICHTE by Edgar Wolfrum / Stefan Westermann ©Verlag C.H.Beck oHG, München 2015

图书在版编目（CIP）数据

德意志精神：101个德国名人 /（德）埃德加·沃尔夫鲁姆，（德）施特凡·韦斯特曼著；张欣译. — 北京：北京出版社，2024.6
　ISBN 978-7-200-16126-7

Ⅰ. ①德… Ⅱ. ①埃… ②施… ③张… Ⅲ. ①民族精神—研究—德国 Ⅳ. ①C955.516.1

中国版本图书馆 CIP 数据核字（2021）第 009176 号

总策划：高立志 王忠波		选题策划：王忠波	
责任编辑：王忠波		责任营销：猫 娘	
责任印制：陈冬梅		装帧设计：吉 辰	

德意志精神
101 个德国名人
DEYIZHI JINGSHEN
［德］埃德加·沃尔夫鲁姆　［德］施特凡·韦斯特曼　著
张欣　译

出　　版	北京出版集团 北京出版社
地　　址	北京北三环中路 6 号
邮　　编	100120
网　　址	www.bph.com.cn
发　　行	北京伦洋图书出版有限公司
印　　刷	北京汇瑞嘉合文化发展有限公司
经　　销	新华书店
开　　本	880 毫米 ×1230 毫米　1/32
印　　张	7
字　　数	130 千字
版　　次	2024 年 6 月第 1 版
印　　次	2024 年 6 月第 1 次印刷
书　　号	ISBN 978-7-200-16126-7
定　　价	49.00 元

如有印装质量问题，由本社负责调换
质量监督电话　010-58572393

接续启蒙运动的知识传统
——"贝克通识文库"中文版序

一

我们今天与知识的关系,实际上深植于17—18世纪的启蒙时代。伊曼努尔·康德(Immanuel Kant,1724—1804)于1784年为普通读者写过一篇著名的文章《对这个问题的答复:什么是启蒙?》(*Beantwortung der Frage: Was ist Aufklärung?*),解释了他之所以赋予这个时代以"启蒙"(Aufklärung)的含义:启蒙运动就是人类走出他的未成年状态。不是因为缺乏智力,而是缺乏离开别人的引导去使用智力的决心和勇气!他借用了古典拉丁文学黄金时代的诗人贺拉斯(Horatius,前65—前8)的一句话:Sapere aude!呼吁人们要敢于去认识,要有勇气运用自己的智力。[1]启蒙运动者相信由理性发展而来的知识可

---

[1] Cf. Immanuel Kant, *Beantwortung der Frage: Was ist Aufklärung?* In: *Berlinische Monatsschrift*, Bd. 4, 1784, Zwölftes Stück, S. 481–494. Hier S. 481. 中文译文另有:(1) "答复这个问题:'什么是启蒙运动?'"见康德著,何兆武译:《历史理性批判文集》,商务印书馆1990年版(2020年第11次印刷本,上面有2004年写的"再版译序"),第23—32页。(2) "回答这个问题:什么是启蒙?"见康德著,李秋零主编:《康德著作全集》(第8卷·1781年之后的论文),中国人民大学出版社2013年版,第39—46页。

以解决人类存在的基本问题,人类历史从此开启了在知识上的启蒙,并进入了现代的发展历程。

启蒙思想家们认为,从理性发展而来的科学和艺术的知识,可以改进人类的生活。文艺复兴以来的人文主义、新教改革、新的宇宙观以及科学的方法,也使得17世纪的思想家相信建立在理性基础之上的普遍原则,从而产生了包含自由与平等概念的世界观。以理性、推理和实验为主的方法不仅在科学和数学领域取得了令人瞩目的成就,也催生了在宇宙论、哲学和神学上运用各种逻辑归纳法和演绎法产生出的新理论。约翰·洛克(John Locke,1632—1704)奠定了现代科学认识论的基础,认为经验以及对经验的反省乃是知识进步的来源;伏尔泰(Voltaire,1694—1778)发展了自然神论,主张宗教宽容,提倡尊重人权;康德则在笛卡尔理性主义和培根的经验主义基础之上,将理性哲学区分为纯粹理性与实践理性。至18世纪后期,以德尼·狄德罗(Denis Diderot,1713—1784)、让-雅克·卢梭(Jean-Jacques Rousseau,1712—1778)等人为代表的百科全书派的哲学家,开始致力于编纂《百科全书》(*Encyclopédie*)——人类历史上第一部致力于科学、艺术的现代意义上的综合性百科全书,其条目并非只是"客观"地介绍各种知识,而是在介绍知识的同时,夹叙夹议,议论时政,这些特征正体现了启蒙时代的现代性思维。第一卷开始时有一幅人类知识领域的示意图,这也是第一次从现代科学意义上对所有人类知识进行分类。

实际上，今天的知识体系在很大程度上可以追溯到启蒙时代以实证的方式对以往理性知识的系统性整理，而其中最重要的突破包括：卡尔·冯·林奈（Carl von Linné，1707—1778）的动植物分类及命名系统、安托万·洛朗·拉瓦锡（Antoine-Laurent Lavoisier，1743—1794）的化学系统以及测量系统。[1] 这些现代科学的分类方法、新发现以及度量方式对其他领域也产生了决定性的影响，并发展出一直延续到今天的各种现代方法，同时为后来的民主化和工业化打下了基础。启蒙运动在18世纪影响了哲学和社会生活的各个知识领域，在哲学、科学、政治、以现代印刷术为主的传媒、医学、伦理学、政治经济学、历史学等领域都有新的突破。如果我们看一下19世纪人类在各个方面的发展的话，知识分类、工业化、科技、医学等，也都与启蒙时代的知识建构相关。[2]

由于启蒙思想家们的理想是建立一个以理性为基础的社会，提出以政治自由对抗专制暴君，以信仰自由对抗宗教压迫，以天赋人权来反对君权神授，以法律面前人人平等来反对贵族的等级特权，因此他们采用各民族国家的口语而非书面的拉丁语进行沟通，形成了以现代欧洲语言为主的知识圈，并创

---

[1] Daniel R. Headrick, *When Information Came of Age: Technologies of Knowledge in the Age of Reason and Revolution, 1700-1850*. Oxford University Press, 2000, p. 246.

[2] Cf. Jürgen Osterhammel, *Die Verwandlung der Welt: Eine Geschichte des 19. Jahrhunderts*. München: Beck, 2009.

造了一个空前的多语欧洲印刷市场。[1]后来《百科全书》开始发行更便宜的版本,除了知识精英之外,普通人也能够获得。历史学家估计,在法国大革命前,就有两万多册《百科全书》在法国及欧洲其他地区流传,它们成为向大众群体进行启蒙及科学教育的媒介。[2]

从知识论上来讲,17世纪以来科学革命的结果使得新的知识体系逐渐取代了传统的亚里士多德的自然哲学以及克劳迪亚斯·盖仑(Claudius Galen,约129—200)的体液学说(Humorism),之前具有相当权威的炼金术和占星术自此失去了权威。到了18世纪,医学已经发展为相对独立的学科,并且逐渐脱离了与基督教的联系:"在(当时的)三位外科医生中,就有两位是无神论者。"[3]在地图学方面,库克(James Cook,1728—1779)船长带领船员成为首批登陆澳大利亚东岸和夏威夷群岛的欧洲人,并绘制了有精确经纬度的地图,他以艾萨克·牛顿(Isaac Newton,1643—1727)的宇宙观改变了地理制图工艺及方法,使人们开始以科学而非神话来看待地理。这一时代除了用各式数学投影方法制作的精确地图外,制

---

1 Cf. Jonathan I. Israel, *Radical Enlightenment: Philosophy and the Making of Modernity 1650-1750.* Oxford University Press, 2001, p. 832.

2 Cf. Robert Darnton, *The Business of Enlightenment: A Publishing History of the Encyclopédie, 1775-1800.* Harvard University Press, 1979, p. 6.

3 Ole Peter Grell, Dr. Andrew Cunningham, *Medicine and Religion in Enlightenment Europe.* Ashgate Publishing, Ltd., 2007, p. 111.

图学也被应用到了天文学方面。

正是借助于包括《百科全书》、公共图书馆、期刊等传播媒介，启蒙知识得到了迅速的传播，同时也塑造了现代学术的形态以及机构的建制。有意思的是，自启蒙时代出现的现代知识从开始阶段就是以多语的形态展现的：以法语为主，包括了荷兰语、英语、德语、意大利语等，它们共同构成了一个跨越国界的知识社群——文人共和国（Respublica Literaria）。

当代人对于知识的认识依然受启蒙运动的很大影响，例如多语种读者可以参与互动的维基百科（Wikipedia）就是从启蒙的理念而来："我们今天所知的《百科全书》受到18世纪欧洲启蒙运动的强烈影响。维基百科拥有这些根源，其中包括了解和记录世界所有领域的理性动力。"[1]

二

1582年耶稣会传教士利玛窦（Matteo Ricci，1552—1610）来华，标志着明末清初中国第一次规模性地译介西方信仰和科学知识的开始。利玛窦及其修会的其他传教士入华之际，正值欧洲文艺复兴如火如荼进行之时，尽管囿于当时天主教会的意

---

[1] Cf. Phoebe Ayers, Charles Matthews, Ben Yates, *How Wikipedia Works: And How You Can Be a Part of It.* No Starch Press, 2008, p. 35.

识形态，但他们所处的时代与中世纪迥然不同。除了神学知识外，他们译介了天文历算、舆地、水利、火器等原理。利玛窦与徐光启（1562—1633）共同翻译的《几何原本》前六卷有关平面几何的内容，使用的底本是利玛窦在罗马的德国老师克劳（Christopher Klau/Clavius，1538—1612，由于他的德文名字Klau是钉子的意思，故利玛窦称他为"丁先生"）编纂的十五卷本。[1]克劳是活跃于16—17世纪的天主教耶稣会士，其在数学、天文学等领域建树非凡，并影响了包括伽利略、笛卡尔、莱布尼茨等科学家。曾经跟随伽利略学习过物理学的耶稣会士邓玉函[Johann(es) Schreck/Terrenz or Terrentius，1576—1630]在赴中国之前，与当时在欧洲停留的金尼阁（Nicolas Trigault，1577—1628）一道，"收集到不下七百五十七本有关神学的和科学技术的著作；罗马教皇自己也为今天在北京还很著名、当年是耶稣会士图书馆的'北堂'捐助了大部分的书籍"。[2]其后邓玉函在给伽利略的通信中还不断向其讨教精确计算日食和月食的方法，此外还与中国学者王徵（1571—1644）合作翻译《奇器图说》（1627），并且在医学方面也取得了相当大的成就。邓玉函曾提出过一项规模很大的有关数学、几何

---

[1] *Euclides Elementorum Libri XV*, Rom 1574.
[2] 蔡特尔著，孙静远译：《邓玉函，一位德国科学家、传教士》，载《国际汉学》，2012年第1期，第38—87页，此处见第50页。

学、水力学、音乐、光学和天文学（1629）的技术翻译计划，[1]由于他的早逝，这一宏大的计划没能得以实现。

在明末清初的一百四十年间，来华的天主教传教士有五百人左右，他们当中有数学家、天文学家、地理学家、内外科医生、音乐家、画家、钟表机械专家、珐琅专家、建筑专家。这一时段由他们译成中文的书籍多达四百余种，涉及的学科有宗教、哲学、心理学、论理学、政治、军事、法律、教育、历史、地理、数学、天文学、测量学、力学、光学、生物学、医学、药学、农学、工艺技术等。[2]这一阶段由耶稣会士主导的有关信仰和科学知识的译介活动，主要涉及中世纪至文艺复兴时期的知识，也包括文艺复兴以后重视经验科学的一些近代科学和技术。

尽管耶稣会的传教士们在17—18世纪的时候已经向中国的知识精英介绍了欧几里得几何学和牛顿物理学的一些基本知识，但直到19世纪50—60年代，才在伦敦会传教士伟烈亚力（Alexander Wylie，1815—1887）和中国数学家李善兰（1811—1882）的共同努力下补译完成了《几何原本》的后九卷；同样是李善兰、傅兰雅（John Fryer，1839—1928）和伟烈亚力将牛

---

[1] 蔡特尔著、孙静远译：《邓玉函，一位德国科学家、传教士》，载《国际汉学》，2012年第1期，第58页。
[2] 张晓编著：《近代汉译西学书目提要：明末至1919》，北京大学出版社2012年版，"导论"第6、7页。

顿的《自然哲学的数学原理》(*Philosophiae Naturalis Principia Mathematica*，1687) 第一编共十四章译成了汉语——《奈端数理》(1858—1860)。[1] 正是在这一时期，新教传教士与中国学者密切合作开展了大规模的翻译项目，将西方大量的教科书——启蒙运动以后重新系统化、通俗化的知识——翻译成了中文。

1862年清政府采纳了时任总理衙门首席大臣奕䜣（1833—1898）的建议，创办了京师同文馆，这是中国近代第一所外语学校。开馆时只有英文馆，后增设了法文、俄文、德文、东文诸馆，其他课程还包括化学、物理、万国公法、医学生理等。1866年，又增设了天文、算学课程。后来清政府又仿照同文馆之例，在与外国人交往较多的上海设立上海广方言馆，广州设立广州同文馆。曾大力倡导"中学为体，西学为用"的洋务派主要代表人物张之洞（1837—1909）认为，作为"用"的西学有西政、西艺和西史三个方面，其中西艺包括算、绘、矿、医、声、光、化、电等自然科学技术。

根据《近代汉译西学书目提要：明末至1919》的统计，从明末到1919年的总书目为五千一百七十九种，如果将四百余种明末到清初的译书排除，那么晚清至1919年之前就有四千七百多种汉译西学著作出版。梁启超（1873—1929）在

---

[1] 1882年，李善兰将译稿交由华蘅芳校订至1897年，译稿后遗失。万兆元、何琼辉：《牛顿〈原理〉在中国的译介与传播》，载《中国科技史杂志》第40卷，2019年第1期，第51—65页，此处见第54页。

1896年刊印的三卷本《西学书目表》中指出:"国家欲自强,以多译西书为本;学者欲自立,以多读西书为功。"[1]书中收录鸦片战争后至1896年间的译著三百四十一种,梁启超希望通过《读西学书法》向读者展示西方近代以来的知识体系。

不论是在精神上,还是在知识上,中国近代都没有继承好启蒙时代的遗产。启蒙运动提出要高举理性的旗帜,认为世间的一切都必须在理性法庭面前接受审判,不仅倡导个人要独立思考,也主张社会应当以理性作为判断是非的标准。它涉及宗教信仰、自然科学理论、社会制度、国家体制、道德体系、文化思想、文学艺术作品理论与思想倾向等。从知识论上来讲,从1860年至1919年五四运动爆发,受西方启蒙的各种自然科学知识被系统地介绍到了中国。大致说来,这些是14—18世纪科学革命和启蒙运动时期的社会科学和自然科学的知识。在社会科学方面包括了政治学、语言学、经济学、心理学、社会学、人类学等学科,而在自然科学方面则包含了物理学、化学、地质学、天文学、生物学、医学、遗传学、生态学等学科。按照胡适(1891—1962)的观点,新文化运动和五四运动应当分别来看待:前者重点在白话文、文学革命、西化与反传统,是一场类似文艺复兴的思想与文化的革命,而后者主要是

---

[1] 梁启超:《西学书目表·序例》,收入《饮冰室合集》,中华书局1989年版,第123页。

一场政治革命。根据王锦民的观点,"新文化运动很有文艺复兴那种热情的、进步的色彩;而接下来的启蒙思想的冷静、理性和批判精神,新文化运动中也有,但是发育得不充分,且几乎被前者遮蔽了"。[1] 五四运动以来,中国接受了尼采等人的学说。"在某种意义上说,近代欧洲启蒙运动的思想成果,理性、自由、平等、人权、民主和法制,正是后来的'新'思潮力图摧毁的对象。"[2] 近代以来,中华民族的确常常遭遇生死存亡的危局,启蒙自然会受到充满革命热情的救亡的排挤,而需要以冷静的理性态度来对待的普遍知识,以及个人的独立人格和自由不再有人予以关注。因此,近代以来我们并没有接受一个正常的、完整的启蒙思想,我们一直以来所拥有的仅仅是一个"半启蒙状态"。今天我们重又生活在一个思想转型和社会巨变的历史时期,迫切需要全面地引进和接受一百多年来的现代知识,并在思想观念上予以重新认识。

1919年新文化运动的时候,我们还区分不了文艺复兴和启蒙时代的思想,但日本的情况则完全不同。日本近代以来对"南蛮文化"的摄取,基本上是欧洲中世纪至文艺复兴时期的"西学",而从明治维新以来对欧美文化的摄取,则是启蒙

---

[1] 王锦民:《新文化运动百年随想录》,见李雪涛等编《合璧西中——庆祝顾彬教授七十寿辰文集》,外语教学与研究出版社2016年版,第282—295页,此处见第291页。
[2] 同上。

时代以来的西方思想。特别是在第二个阶段,他们做得非常彻底。[1]

三

罗素在《西方哲学史》的"绪论"中写道:"一切确切的知识——我是这样主张的——都属于科学,一切涉及超乎确切知识之外的教条都属于神学。但是介乎神学与科学之间还有一片受到双方攻击的无人之域;这片无人之域就是哲学。"[2]康德认为,"只有那些其确定性是无可置疑的科学才能成为本真意义上的科学;那些包含经验确定性的认识(Erkenntnis),只是非本真意义上所谓的知识(Wissen),因此,系统化的知识作为一个整体可以称为科学(Wissenschaft),如果这个系统中的知识存在因果关系,甚至可以称之为理性科学(Rationale Wissenschaft)"。[3]在德文中,科学是一种系统性的知识体系,是对严格的确定性知识的追求,是通过批判、质疑乃至论证而对知识的内在固有理路即理性世界的探索过程。科学方法有别

---

[1] 家永三郎著,靳丛林等译:《外来文化摄取史论》,大象出版社2017年版。
[2] 罗素著,何兆武、李约瑟译:《西方哲学史》(上卷),商务印书馆1963年版,第11页。
[3] Immanuel Kant, *Metaphysische Anfangsgründe der Naturwissenschaft*. Riga: bey Johann Friedrich Hartknoch, 1786. S. V-VI.

于较为空泛的哲学,它既要有客观性,也要有完整的资料文件以供佐证,同时还要由第三者小心检视,并且确认该方法能重制。因此,按照罗素的说法,人类知识的整体应当包括科学、神学和哲学。

在欧洲,"现代知识社会"(Moderne Wissensgesellschaft)的形成大概从近代早期一直持续到了1820年。[1]之后便是知识的传播、制度化以及普及的过程。与此同时,学习和传播知识的现代制度也建立起来了,主要包括研究型大学、实验室和人文学科的研讨班(Seminar)。新的学科名称如生物学(Biologie)、物理学(Physik)也是在1800年才开始使用;1834年创造的词汇"科学家"(scientist)使之成为一个自主的类型,而"学者"(Gelehrte)和"知识分子"(Intellekturlle)也是19世纪新创的词汇。[2]现代知识以及自然科学与技术在形成的过程中,不断通过译介的方式流向欧洲以外的世界,在诸多非欧洲的区域为知识精英所认可、接受。今天,历史学家希望运用全球史的方法,祛除欧洲中心主义的知识史,从而建立全球知识史。

本学期我跟我的博士生们一起阅读费尔南·布罗代尔

---

[1] Cf. Richard van Dülmen, Sina Rauschenbach (Hg.), *Macht des Wissens: Die Entstehung der Modernen Wissensgesellschaft.* Köln: Böhlau Verlag, 2004.

[2] Cf. Jürgen Osterhammel, *Die Verwandlung der Welt: Eine Geschichte des 19. Jahrhunderts.* München: Beck, 2009. S. 1106.

(Fernand Braudel，1902—1985）的《地中海与菲利普二世时代的地中海世界》(*La Méditerranée et le Monde méditerranéen à l'époque de Philippe II*, 1949）一书。[1]在"边界：更大范围的地中海"一章中，布罗代尔并不认同一般地理学家以油橄榄树和棕榈树作为地中海的边界的看法，他指出地中海的历史就像是一个磁场，吸引着南部的北非撒哈拉沙漠、北部的欧洲以及西部的大西洋。在布罗代尔看来，距离不再是一种障碍，边界也成为相互连接的媒介。[2]

发源于欧洲文艺复兴时代末期，并一直持续到18世纪末的科学革命，直接促成了启蒙运动的出现，影响了欧洲乃至全世界。但科学革命通过学科分类也影响了人们对世界的整体认识，人类知识原本是一个复杂系统。按照法国哲学家埃德加·莫兰（Edgar Morin，1921—   ）的看法，我们的知识是分离的、被肢解的、箱格化的，而全球纪元要求我们把任何事情都定位于全球的背景和复杂性之中。莫兰引用布莱兹·帕斯卡（Blaise Pascal，1623—1662）的观点："任何事物都既是结果又是原因，既受到作用又施加作用，既是通过中介而存在又是直接存在的。所有事物，包括相距最遥远的和最不相同的事物，都被一种自然的和难以觉察的联系维系着。我认为不认识

---

1 布罗代尔著，唐家龙、曾培耿、吴模信等译：《地中海与菲利普二世时代的地中海世界》(全二卷)，商务印书馆2013年版。
2 同上书，第245—342页。

整体就不可能认识部分,同样地,不特别地认识各个部分也不可能认识整体。"[1]莫兰认为,一种恰切的认识应当重视复杂性(complexus)——意味着交织在一起的东西:复杂的统一体如同人类和社会都是多维度的,因此人类同时是生物的、心理的、社会的、感情的、理性的;社会包含着历史的、经济的、社会的、宗教的等方面。他举例说明,经济学领域是在数学上最先进的社会科学,但从社会和人类的角度来说它有时是最落后的科学,因为它抽去了与经济活动密不可分的社会、历史、政治、心理、生态的条件。[2]

四

贝克出版社(C. H. Beck Verlag)至今依然是一家家族产业。1763年9月9日卡尔·戈特洛布·贝克(Carl Gottlob Beck,1733—1802)在距离慕尼黑一百多公里的讷德林根(Nördlingen)创立了一家出版社,并以他儿子卡尔·海因里希·贝克(Carl Heinrich Beck,1767—1834)的名字来命名。在启蒙运动的影响下,戈特洛布出版了讷德林根的第一份报纸与关于医学和自然史、经济学和教育学以及宗教教育

---

[1] 转引自莫兰著,陈一壮译:《复杂性理论与教育问题》,北京大学出版社2004年版,第26页。
[2] 同上书,第30页。

的文献汇编。在第三代家族成员奥斯卡·贝克（Oscar Beck, 1850—1924）的带领下，出版社于1889年迁往慕尼黑施瓦宾（München-Schwabing），成功地实现了扩张，其总部至今仍设在那里。在19世纪，贝克出版社出版了大量的神学文献，但后来逐渐将自己的出版范围限定在古典学研究、文学、历史和法律等学术领域。此外，出版社一直有一个文学计划。在第一次世界大战期间的1917年，贝克出版社独具慧眼地出版了瓦尔特·弗莱克斯（Walter Flex, 1887—1917）的小说《两个世界之间的漫游者》（*Der Wanderer zwischen beiden Welten*），这是魏玛共和国时期的一本畅销书，总印数达一百万册之多，也是20世纪最畅销的德语作品之一。[1]目前出版社依然由贝克家族的第六代和第七代成员掌管。2013年，贝克出版社庆祝了其

---

[1] 第二次世界大战后，德国汉学家福兰阁（Otto Franke, 1862—1946）出版《两个世界的回忆——个人生命的旁白》（*Erinnerungen aus zwei Welten: Randglossen zur eigenen Lebensgeschichte.* Berlin: De Gruyter, 1954.）。作者在1945年的前言中解释了他所认为的"两个世界"有三层含义：第一，作为空间上的西方和东方的世界；第二，作为时间上的19世纪末和20世纪初的德意志工业化和世界政策的开端，与20世纪的世界；第三，作为精神上的福兰阁在外交实践活动和学术生涯的世界。这本书的书名显然受到《两个世界之间的漫游者》的启发。弗莱克斯的这部书是献给1915年阵亡的好友恩斯特·沃切（Ernst Wurche）的；他是"我们德意志战争志愿军和前线军官的理想，也是同样接近两个世界：大地和天空、生命和死亡的新人和人类向导"。（Wolfgang von Einsiedel, Gert Woerner, *Kindlers Literatur Lexikon*, Band 7, Kindler Verlag, München 1972.）见福兰阁的回忆录中文译本，福兰阁著，欧阳甦译：《两个世界的回忆——个人生命的旁白》，社会科学文献出版社2014年版。

成立二百五十周年。

1995年开始,出版社开始策划出版"贝克通识文库"(C.H.Beck Wissen),这是"贝克丛书系列"(Beck'schen Reihe)中的一个子系列,旨在为人文和自然科学最重要领域提供可靠的知识和信息。由于每一本书的篇幅不大——大部分都在一百二十页左右,内容上要做到言简意赅,这对作者提出了更高的要求。"贝克通识文库"的作者大都是其所在领域的专家,而又是真正能做到"深入浅出"的学者。"贝克通识文库"的主题包括传记、历史、文学与语言、医学与心理学、音乐、自然与技术、哲学、宗教与艺术。到目前为止,"贝克通识文库"已经出版了五百多种书籍,总发行量超过了五百万册。其中有些书已经是第8版或第9版了。新版本大都经过了重新修订或扩充。这些百余页的小册子,成为大学,乃至中学重要的参考书。由于这套丛书的编纂开始于20世纪90年代中叶,因此更符合我们现今的时代。跟其他具有一两百年历史的"文库"相比,"贝克通识文库"从整体知识史研究范式到各学科,都经历了巨大变化。我们首次引进的三十多种图书,以科普、科学史、文化史、学术史为主。以往文库中专注于历史人物的政治史、军事史研究,已不多见。取而代之的是各种普通的知识,即便是精英,也用新史料更多地探讨了这些"巨人"与时代的关系,并将之放到了新的脉络中来理解。

我想大多数曾留学德国的中国人,都曾购买过罗沃尔特出版社出版的"传记丛书"(Rowohlts Monographien),以及"贝克通识文库"系列的丛书。去年年初我搬办公室的时候,还整理出十几本这一系列的丛书,上面还留有我当年做过的笔记。

五

作为启蒙时代思想的代表之作,《百科全书》编纂者最初的计划是翻译1728年英国出版的《钱伯斯百科全书》(*Cyclopaedia: or, An Universal Dictionary of Arts and Sciences*),但以狄德罗为主编的启蒙思想家们以"改变人们思维方式"为目标,[1]更多地强调理性在人类知识方面的重要性,因此更多地主张由百科全书派的思想家自己来撰写条目。

今天我们可以通过"绘制"(mapping)的方式,考察自19世纪60年代以来学科知识从欧洲被移接到中国的记录和流传的方法,包括学科史、印刷史、技术史、知识的循环与传播、迁移的模式与转向。[2]

徐光启在1631年上呈的《历书总目表》中提出:"欲求超

---

1 Lynn Hunt, Christopher R. Martin, Barbara H. Rosenwein, R. Po-chia Hsia, Bonnie G. Smith, *The Making of the West: Peoples and Cultures, A Concise History*. Volume II: Since 1340. Bedford/St. Martin's, 2006, p. 611.
2 Cf. Lieven D'hulst, Yves Gambier (eds.), *A History of Modern Translation Knowledge: Source, Concepts, Effects.* Amsterdam: John Benjamins, 2018.

胜,必须会通,会通之前,先须翻译。"[1]翻译是基础,是与其他民族交流的重要工具。"会通"的目的,就是让中西学术成果之间相互交流,融合与并蓄,共同融汇成一种人类知识。也正是在这个意义上,才能提到"超胜":超越中西方的前人和学说。徐光启认为,要继承传统,又要"不安旧学";翻译西法,但又"志求改正"。[2]

近代以来中国对西方知识的译介,实际上是在西方近代学科分类之上,依照一个复杂的逻辑系统对这些知识的重新界定和组合。在过去的百余年中,席卷全球的科学技术革命无疑让我们对于现代知识在社会、政治以及文化上的作用产生了认知上的转变。但启蒙运动以后从西方发展出来的现代性的观念,也导致欧洲以外的知识史建立在了现代与传统、外来与本土知识的对立之上。与其投入大量的热情和精力去研究这些"二元对立"的问题,我以为更迫切的是研究者要超越对于知识本身的研究,去甄别不同的政治、社会以及文化要素究竟是如何参与知识的产生以及传播的。

此外,我们要抛弃以往西方知识对非西方的静态、单一方向的影响研究。其实无论是东西方国家之间,抑或是东亚国家之间,知识的迁移都不是某一个国家施加影响而另一个国家则完全

---

[1] 见徐光启、李天经等撰,李亮校注:《治历缘起》(下),湖南科学技术出版社2017年版,第845页。
[2] 同上。

被动接受的过程。第二次世界大战以后对于殖民地及帝国环境下的历史研究认为,知识会不断被调和,在社会层面上被重新定义、接受,有的时候甚至会遭到排斥。由于对知识的接受和排斥深深根植于接收者的社会和文化背景之中,因此我们今天需要采取更好的方式去重新理解和建构知识形成的模式,也就是将研究重点从作为对象的知识本身转到知识传播者身上。近代以来,传教士、外交官、留学生、科学家等都曾为知识的转变和迁移做出过贡献。无论是某一国内还是国家间,无论是纯粹的个人,还是由一些参与者、机构和知识源构成的网络,知识迁移必然要借助于由传播者所形成的媒介来展开。通过这套新时代的"贝克通识文库",我希望我们能够超越单纯地去定义什么是知识,而去尝试更好地理解知识的动态形成模式以及知识的传播方式。同时,我们也希望能为一个去欧洲中心主义的知识史做出贡献。对于今天的我们来讲,更应当从中西古今的思想观念互动的角度来重新审视一百多年来我们所引进的西方知识。

知识唯有进入教育体系之中才能持续发挥作用。尽管早在1602年利玛窦的《坤舆万国全图》就已经由太仆寺少卿李之藻(1565—1630)绘制完成,但在利玛窦世界地图刊印三百多年后的1886年,尚有中国知识分子问及"亚细亚""欧罗巴"二名,谁始译之。[1] 而梁启超1890年到北京参加会考,回粤途经

---

[1] 洪业:《考利玛窦的世界地图》,载《洪业论学集》,中华书局1981年版,第150—192页,此处见第191页。

上海，买到徐继畬（1795—1873）的《瀛环志略》（1848）方知世界有五大洲！

近代以来的西方知识通过译介对中国产生了巨大的影响，中国因此发生了翻天覆地的变化。一百多年后的今天，我们组织引进、翻译这套"贝克通识文库"，是在"病灶心态""救亡心态"之后，做出的理性选择，中华民族蕴含生生不息的活力，其原因就在于不断从世界文明中汲取养分。尽管这套丛书的内容对于中国读者来讲并不一定是新的知识，但每一位作者对待知识、科学的态度，依然值得我们认真对待。早在一百年前，梁启超就曾指出："……相对地尊重科学的人，还是十个有九个不了解科学的性质。他们只知道科学研究所产生的结果的价值，而不知道科学本身的价值，他们只有数学、几何学、物理学、化学等概念，而没有科学的概念。"[1]这套读物的定位是具有中等文化程度及以上的读者，我们认为只有启蒙以来的知识，才能真正使大众的思想从一种蒙昧、狂热以及其他荒谬的精神枷锁之中解放出来。因为我们相信，通过阅读而获得独立思考的能力，正是启蒙思想家们所要求的，也是我们这个时代必不可少的。

李雪涛

2022年4月于北京外国语大学历史学院

---

[1] 梁启超：《科学精神与东西文化》（8月20日在南通为科学社年会讲演），载《科学》第7卷，1922年第9期，第859—870页，此处见第861页。

目　录

原　序	*001*
阿米尼乌斯	*004*
塔西佗	*006*
卡尔大帝	*008*
奥托一世	*010*
海因里希四世	*012*
圣希尔德加德·冯·宾根	*013*
腓特烈一世（斯陶芬王朝）	*015*
瓦尔特·冯·德尔·福格尔魏德	*016*
腓特烈二世（斯陶芬王朝）	*018*
图林根的圣伊丽莎白	*020*
卡尔四世	*022*
约翰内斯·古腾堡	*024*

雅各布·富格尔	026
阿尔布雷希特·丢勒	028
尼古拉·哥白尼	030
马丁·路德	032
卡尔五世	033
德国的米歇尔	035
阿尔布雷希特·冯·华伦斯坦	037
萨穆埃尔·冯·普芬多夫	038
格吕克尔·冯·哈默尔恩	040
戈特弗里德·威廉·莱布尼茨	042
玛丽亚·西比拉·梅里安	044
约翰·塞巴斯蒂安·巴赫	045
腓特烈大帝	047
伊曼努尔·康德	049
叶卡捷琳娜大帝（二世）	051
摩西·门德尔松	053
约翰·沃尔夫冈·冯·歌德	055
弗里德里希·冯·席勒	055
卡尔·奥古斯特·冯·哈登堡侯爵	057
海因里希·弗里德里希·卡尔·冯·施泰因男爵	057
亚历山大·冯·洪堡	059
威廉·冯·洪堡	059
路德维希·凡·贝多芬	061

格奥尔格·威廉·弗里德里希·黑格尔	063
梅克伦堡－斯特雷利茨的露易丝	065
弗里德里希·路德维希·雅恩	067
雅各布·格林	069
威廉·格林	069
海因里希·海涅	071
赫尔穆特·卡尔·贝恩哈特·冯·毛奇	073
罗蕾莱	075
尤斯图斯·李比希	077
罗伯特·布鲁姆	078
理查德·瓦格纳	079
奥托·冯·俾斯麦	081
弗里德里希·威廉·赖夫艾森	083
赫尔曼·舒尔茨－德利奇	083
卡尔·马克思	085
弗里德里希·恩格斯	085
露易丝·奥托－彼得	087
海因里希·谢里曼	089
康拉德·杜登	091
奥古斯特·倍倍尔	093
罗伯特·科赫	095
威廉·康拉德·伦琴	097
玛格丽特·史黛芙	099

保罗·冯·兴登堡	101
奥托·李林塔尔	103
贝尔塔·本茨	104
卡尔·本茨	104
弗里德里希·阿尔弗雷德·克虏伯	106
海因里希·赫兹	108
克拉拉·蔡特金	110
马克斯·普朗克	112
威廉二世	114
罗伯特·博世	116
凯绥·珂勒惠支	118
雨果·埃克纳	120
弗里德里希·艾伯特	121
罗莎·卢森堡	123
托马斯·曼	125
斐迪南·绍尔布鲁赫	127
康拉德·阿登纳	128
古斯塔夫·施特雷泽曼	130
奥托·哈恩	132
阿尔伯特·爱因斯坦	134
艾米·诺特	135
阿道夫·希特勒	137
奥托·迪克斯	139

瓦尔特·乌布利希	141
卡洛·施密特	143
贝托尔特·布莱希特	144
赫尔曼·约瑟夫·阿布斯	146
玛琳·黛德丽	148
马克斯·施梅林	149
海德堡人	151
克劳斯·申克·冯·斯陶芬贝格	153
康拉德·楚泽	155
格蕾特·席克丹茨	156
韦纳·冯·布劳恩	158
阿克塞尔·凯撒·施普林格	160
埃里希·昂纳克	162
维利·勃兰特	164
海因里希·伯尔	165
贝亚特·乌泽	167
弗里茨·瓦尔特	169
约瑟夫·博伊斯	171
库特·马祖尔	173
安妮·弗兰克	175
赫尔穆特·科尔	176
弗朗茨·贝肯鲍尔	178
佩特拉·凯利	180

安格拉·默克尔	*182*
标准养老金领取者	*184*
交通灯小人	*186*
施特菲·玛利亚·格拉芙	*188*

原 序

这个题目很有吸引力,但也很棘手:什么叫作"名人"?谁是"名人"?什么是"德意志的"?"德意志史"究竟始于何时,有哪些内容?德意志史当然不是从1871年德意志帝国统一才开始,但如何回答这些问题呢?我们对此一直充满疑惑。即使赞成与反对意见的比例没有发生重大改变,有一些历史事件也可能与这本小册子里发生的不一样。当人们在各自领域发挥决定性作用或施加深远影响时,无论这些作用和影响是积极的还是消极的,这些人对我们而言都是"名人"。有时虚构人物的历史会打断历史进程,比如德国的米歇尔[1](der Deutsche Michel)和罗蕾莱[2](Loreley)。假设没有他们,我们根本无法想象德国历史。这些名人应该来自各行各业,涵盖所有人类领域,并在时

---

[1] 意指对世事和政治漠不关心、脱离实际、懒散的德国人,详见本书《德国的米歇尔》一节。(注:本书自此以下的页下注均为译者注。)
[2] 罗蕾莱本是莱茵河畔一座岩山的名字,因周边水流湍急、河道弯度大,还有很多暗礁而事故频发。诗人布伦塔诺(Clemens Brentano)在1801年出版的小说《哥德维》(*Godwi oder Das steinerne Bild der Mutter*)中第一次把"罗蕾莱"作为魔女的名字。后来德国著名诗人海涅(Heinrich Heine)创作了同名诗歌,记叙魔女罗蕾莱在岩山上歌唱,引诱过往的船夫,致其翻船的传说,从而使这一形象广为人知。

代、社会群体和地理方面达到某种平衡。很遗憾，男性与女性的地位并不平等，但是我们在这本小册子里并不会以女性的受压迫史作为标准。不过遇到争议时，我们会优先选择女性。举例来说，伟大的数学家高斯（Carl Friedrich Gauß）并没有出现在这本书里，取而代之的是女数学家艾米·诺特[1]（Emmy Noether）。由于19世纪各方面飞速发展，科学与技术进步，个别社会群体发起社会革命，世界的面貌在最短的时间内焕然一新，还诞生了许多新事物，导致了时代选取上的不平衡。不管怎样，情况总是如此：人们期待的人物往往不出现，出现的是大家并不一定期待的。本书中的人物传记按出生年月排序，便于读者对世代关系一目了然。

在此谨向科研工作人员米夏埃尔·格劳普纳（Michael Graupner）、苏珊娜·耶克（Susanne Jeck）、米利亚姆·约斯特（Miriam Jost）及萨拉·平普尔（Sarah Pimpl）致谢。同时感谢C. H.贝克出版社负责这本小册子的塞巴斯蒂安·乌尔里希（Sebastian Ullrich）博士和卡萝拉·萨姆洛夫斯基（Carola Samlowsky）一直以来的尽心尽责。

埃德加·沃尔夫鲁姆、施特凡·韦斯特曼
2015年1月于海德堡

---

[1] 艾米·诺特，德国女数学家，研究领域为抽象代数和理论物理学。

阿米尼乌斯

Arminius，约前17—约21，部落首领

如果要找一个既能定义为"德意志的"，又能证明是"德意志人"的人，阿米尼乌斯无疑是最早的。这位切鲁西（Cherusker）部落的首领于公元9年在条顿堡森林附近的卡尔克里泽战役中设下埋伏，以少胜多，击败罗马驻莱茵河畔的军团将领瓦卢斯（Varus），一下声名大振。我们并不清楚阿米尼乌斯起兵的原因。根据罗马对占领的部落的同化政策，阿米尼乌斯曾被带到罗马，在那里接受军事训练，并取得公民权。后来他回到家乡，在一支秘密的后备部队中任罗马司令官。罗马人致力于征服整个日耳曼尼亚，阿米尼乌斯很有可能利用自己对罗马军队装备的了解予以反击。当阿米尼乌斯和他的军队想后撤回莱茵河畔的冬营地时，他散布谣言说有一个日耳曼部落要叛变。瓦卢斯因此决定走另一条路，不过他必须要穿过一片狭窄而泥泞的森林地带，对阿米尼乌斯来说，这里恰好是他可以决定结果的游击战的理想地点。罗马皇帝奥古斯都（Augustus）在得知15000名罗马士兵阵亡的消息后，又惊又怒道："瓦卢斯，还我军团！"不过这场胜利并未能促成日耳曼各部落间的长期结盟。阿米尼乌斯在公元21年日耳曼人内部

的亲戚混战中被谋杀。尽管如此,他仍被后世视为抗击外敌的保卫者,在战火纷飞的德国历史上成为重要的民族英雄。

塔西佗

Tacitus，58—约120，古罗马历史学家

正直、坚毅、淳朴、尊重妇女、重视家庭、战斗力强、爱森林、忠诚、纯洁，这就是所谓的德式美德。古罗马历史学家塔西佗于公元98年左右在著作《日耳曼尼亚志》[1]（*Germania*）中第一次做了这样的概括。这本书和他的其他作品一样，直到15世纪才重见天日。他在书中介绍了生活在罗马边境以北、恺撒[2]（Cäsar）在他的《高卢战记》[3]（*Gallischer Krieg*）中称之为日耳曼人（Germanen）的民族的特性。塔西佗为了批评罗马人的颓废，美化了日耳曼人积极的一面，迫切希望本民族也能这样。至于他自己，很可能根本没去过书里描绘的地区，而把罗马式概念套用到非罗马式的现象中；甚至根本不存在一个与之有关的日耳曼族群。不过这些并不重要，必要的背景已经刻画好了。因此，《日耳曼尼亚志》并不是客观中立的文献，但这没有

---

1 该书已有中译本：[古罗马] 塔西佗著，马雍、傅正元译：《阿古利可拉传 日耳曼尼亚志》，北京：商务印书馆，1997。
2 恺撒，古罗马统帅。
3 该书已有多个中译本，如：[古罗马] 恺撒著，任炳湘译：《高卢战记》，北京：商务印书馆，1979；顾枝鹰译：《高卢战记译笺·第一卷》，上海：华东师范大学出版社，2015。

妨碍学者们把它用于诸如了解时政和促进传统的方面。他们将雅各布·温菲林[1]（Jakob Wimpfeling）、"体操之父"弗里德里希·路德维希·雅恩[2]（Friedrich Ludwig Jahn）、理查德·瓦格纳[3]（Richard Wagner）或纳粹党卫军（Schutzstaffel，简称SS）立为典型，巩固刻板印象的效力，以此增强内部的凝聚力，以抵抗法国人、奥斯曼帝国及教皇等外敌。这种阐释歪曲了帝国和人种生物学的观念。历史文献出版物《日耳曼历史文献汇编》[4]（*Monumenta Germaniae Historica*）或位于纽伦堡的日耳曼民族博物馆（das Germanische Nationalmuseum）就是今天《日耳曼尼亚志》仍受密切关注的明证。

---

1 雅各布·温菲林，德国人文主义者，天主教牧师、诗人、教育家及历史学家。
2 弗里德里希·路德维希·雅恩，德国教育家，政治体育的创始人，体操运动发起人，被誉为"体操之父"，后文有专章介绍。
3 理查德·瓦格纳，德国作曲家、剧作家、指挥家、哲学家，主要创作领域为歌剧，后文有专章介绍。
4 《日耳曼历史文献汇编》是研究中世纪德意志人历史的重要资料汇编，由德意志早期历史学研究会（Gesellschaft für ältere deutsche Geschichtskunde）于1819年开始编纂。编纂的文献主要分为五类：著述材料、法律材料、国王和皇帝的证件材料、古物材料和信函材料等。

卡尔大帝[1]

Karl der Große,747/748.4.2—814.1.28,卒于亚琛,"罗马人的皇帝"

公元800年的圣诞节那天,教皇立奥三世(Leo Ⅲ.)在罗马为法兰克王国国王卡尔举行了隆重的加冕典礼。作为德国和法国的国父,他又被称为查理曼大帝[2](Charlemagne),直到现在仍受人尊敬。卡尔大帝行宫礼拜堂(Pfalzkapelle)所在的亚琛市从1949年起设立"国际卡尔奖"(der Internationale Karlpreis),授予对欧洲发展做出贡献的人。卡尔大帝统治期间一直在发动战争,是一个成功而野蛮的军阀。他经过十几年的战争,于785年征服了信奉异教的萨克森人,统一了日耳曼各部落,建立了法兰克王国,奠定了欧洲中世纪的格局。卡尔大帝的目的是推广基督教,他也向远至亚洲和非洲的国家派出使节。他革新了帝国的组织结构和司法,王宫礼拜堂(Hofkapelle)成为世俗和教会权力的中央行政机关。"加洛林文艺复兴"(karolingische Renaissance)时期的文化贡献,如鼓励教

---

[1] 卡尔大帝是查理大帝的德语名字。
[2] 查理曼大帝是查理大帝的英、法语名字。

育发展和崇尚学问等,被载入史册。卡尔大帝还将当时欧洲最著名的思想家和作家收罗到自己的宫廷里。一种由小写字母组成的字体——加洛林小写体现在仍被使用。权力与信仰决定了卡尔大帝的一生,他的"大帝"之名在公元1000年左右散播开来,作为追求学问的"伟大的野蛮人"(heiliger Barbar)为人所熟知。

奥托一世

Otto I., 912.11.23—973.5.7, 生于瓦尔豪森（萨克森－安哈特），卒于麦姆雷本,"罗马人的皇帝"

卡尔大帝的新王朝的统治并没有维持太久：843年，他的王国在传到孙子辈时一分为三。由于王位纷争不断，这个王国从924年起不再封王，王位空缺一直持续到奥托一世出现。他于936年就任萨克森大公，并被选为东法兰克王国的国王。奥托一世成功地实现了中央集权，于962年在罗马加冕，王位才得以继续传承。他建立了罗马帝国[1]，使这个延续到1806年的帝国奠定了之后德意志帝国的版图。奥托一世在众多内部矛盾——部分也是家族内部斗争——中战胜了竞争对手，通过圆滑的联姻政策巩固了对不归顺地区的统治。他多次出巡，为自己的统治正名，并于955年在对抗最强大的外敌匈牙利时取得了一场酣畅淋漓的大胜，从此可以没有任何阻碍地统治他的王国。王国最为重要的仪式礼节也是在他统治时期确立的。他将加冕典礼的地点迁往亚琛，引入贵族的举手宣誓效忠礼，并由一位大主教涂油，与东法兰克王国的大公一起举办集体加

---

[1] 此处指的是后来的神圣罗马帝国（腓特烈一世改名）。

冕宴会等。女性在他统治时期也发挥了引领作用：奥托一世的母亲玛蒂尔达（Mathilde）、妻子阿德莱德（Adelheid）、来自拜占庭的儿媳塞奥法诺（Theophanu）自信满满地建立了后宫制度，并提升了它的地位。

海因里希四世

Heinrich Ⅳ., 1050.11.11—1106.8.7, 生于戈斯拉尔, 卒于列日（比利时），"罗马人及德意志人的皇帝"

很少有人会像他的一生那样充满斗争：两岁加冕成为国王，由母后摄政，1062年被想干政的科隆大主教挟持。他的敌人一再对他造成威胁，三个另立的国王与之对立，其他皇帝从未遇到这种情况，所以海因里希四世没有做出多少流传后世的功绩也就不足为奇了。不过他巩固了王朝的统治权，在位50年之久，对于同时代人来说，这是一段令人难以置信的漫长时期。但是人们并没有找到他的功绩，正相反，海因里希四世在位期间，被视为世俗和教会权力象征的王室丧失了对罗马教廷的影响力。教皇和皇帝坚持各自的领导权，主教叙任权之争逐渐扩大：分别选出了教皇和对立的伪教皇，海因里希四世甚至被逐出教会。教会在1076年首次开除了海因里希四世的教籍，这严重威胁到了他的统治，因为选帝侯们另立了一个与他对立的国王。海因里希四世只得前往卡诺萨觐见教皇格里高利七世（Gregor Ⅶ.），向教会表示谦卑顺从，同时向其施压。后者不得不恢复了皇帝的教籍。皇权在与教皇的斗争中暂时得以巩固，不过是建立在一个全新的基础上。

圣希尔德加德·冯·宾根

Hildegard von Bingen,1098—1179.11.17,生于贝默斯海姆(阿尔蔡),卒于鲁珀茨贝格(宾根),修女

2012年5月,圣希尔德加德由教皇本笃十六世(Benedikt XVI.)封为圣徒,很快又被追赠"教会圣师"称号。与她同时代的欧洲人早就钦佩这位德国历史上最重要的女密契者[1](Mystikerin)的影响力和神授的超凡能力。他们满怀敬意地称其为"与上帝同席的人"[2](Tischgenossin Gottes)。圣希尔德加德作为一位杰出的中世纪女性,尽管拉丁文水平有限,仍是一位集大成的学者。她从1106年或1112年起生活在迪希邦登堡本笃会修道院(Disibodenberg Benediktinerkloster)的一个小房间里,在那里学习教义,1136年被选为修道院院长。她在上帝的启示下将自己的10个灵视内容写成了书,并在12世纪中叶左右建立起自己"日耳曼的女先知"(prophetissa teutonica)的声望。尽管遇到重重阻力,她仍在宾根附近的鲁珀茨贝格新建了一间修

---

[1] 密契主义,亦译作神秘主义,是一种宗教信仰的形式,注重宗教直觉,通过专注、奉献、禁欲主义等方式建立与神灵之间的个人经验联系。
[2]《圣经·新约》中常把救恩(上帝赐予人的恩典)比作天国的筵席,"与上帝同席的人"比喻领受救恩的人。

道院，这在当时是一种闻所未闻的行为。五年后皇帝"红胡子巴巴罗萨"[1]（Barbarossa）向他的这位"女顾问"签发了一封保护声明，确认她的修道院的产业和权利的合法性。不久后这家修道院接纳了多达50名修女。圣希尔德加德在1158年至1171年间的巡回布道之旅引起了多方轰动：她不仅认为自己承担着救世的使命，还作为女先知颠覆了女性受压迫的传统角色，抨击了所有在她看来腐化堕落的天主教神职人员。她作为女密契者、女医生和女作家，在男性主导的世界里热心参与"政治"。尽管在当代圣希尔德加德复兴热潮中恰好发现不能保证其自然科学和医学著作的真实性，对她的崇拜仍然持续至今。

---

[1] "红胡子巴巴罗萨"是下一篇要介绍的腓特烈一世的绰号。

腓特烈一世（斯陶芬王朝）

Friedrich I., 约1122—1190.6.10, 卒于锡利夫凯（土耳其），
"罗马人及德意志人的皇帝"

斯陶芬王朝的首任皇帝的绰号——"红胡子巴巴罗萨"恰好来源于他的王国的一部分，他在那里进行了最为艰难的战斗。腓特烈一世想通过武力达到的目的并没有实现：富饶的伦巴第诸城并没有臣服于他；他还要继续与教皇争取俗世或教会权力的领导权。这两次冲突在1176年莱尼亚诺战役中以对手的获胜而得以解决。在这一背景下，皇帝诏书中第一次出现了"神圣罗马帝国"的概念。这个帝国及其统治者是神圣的，皇帝的权力是上帝而不是罗马教皇赋予的。这种说法明确地将矛头对准了教皇。"红胡子巴巴罗萨"想在阿尔卑斯山以北实现统一，为此他明确承认诸侯共治，享有决定权，这是一个在皇帝不得不顺从诸侯的时期的重大事件。其他摄政者也像英国和法国的统治者一样提出各自的要求。为什么只有罗马皇帝有权以上帝的名义行事？为了拒绝这一要求并宣扬君威，"红胡子巴巴罗萨"在1189年第三次十字军东征时身先士卒，在萨列法河（Saleph）中沐浴时溺水而亡。他作为后世的纪念性人物的价值超过实际的影响，是与利己主义相对的共同执政和有力抗击外敌的象征。

瓦尔特·冯·德尔·福格尔魏德

Walther von der Vogelweide,约1170—约1230,诗人

"我坐在一块石头上/一只腿搁在另一只腿上……"这就是瓦尔特的一首很著名的诗的开头。游吟诗人坐在一块石头上,支撑着身体,一条腿叠放在另一条腿上,开始思考人生。这是第一人称的自我写照,也具有特殊意义:这里表达了一种新的自我意识,代表了个人与存在,迄今尚未发现同类的中世纪诗歌。当然,瓦尔特也曾为不同的领主势力服务,善于阿谀奉承。艺术家的生活历来艰辛,而中世纪尤甚:"吃谁的面包,就为谁唱颂歌。"瓦尔特和许多人一样,是游吟诗人、到处漂泊的流浪艺人和自荐者,但是有自己的政治立场:绝不会为了教皇出卖灵魂。他的影响呈现在格言诗、论战性小册子、对统治者的抨击言论和赞美诗中。直到18世纪,人们才再次想起他,他唯一与文学无关的生活记录保存在一位帕绍主教的描述中,他专门记载了瓦尔特接受金钱馈赠的行为。这个漫游诗人留下了大量作品,主题包括爱情(纯粹而热忱的表达爱情喜悦的歌曲)、道德(关于正确和错误的生活方式)、政治(关于王国内战及类似内容)和宗教(批评教皇,直接与上帝对话)。瓦尔特对自己作品的影响力心知肚明,他是斯陶

芬王朝政治斗争中的舆论制造者。由此来看，后世的当代编年史作家彼得·吕姆科夫[1]（Peter Rühmkorf）说过，他继承了福格尔魏德这个中世纪"最有才华的诽谤者"的传统，这并非偶然。

---

[1] 彼得·吕姆科夫，德国二战后知名的诗人、散文家和政论家，继承启蒙运动精神，用文学形式，特别是诗歌，抨击时政，语言艺术性强，文笔尖锐辛辣。

腓特烈二世(斯陶芬王朝)

Friedrich II.,1194.12.26—1250.12.13,生于安科纳(意大利),卒于卢切拉(意大利),"罗马人及德意志人的皇帝"

正如有人所说,这位统治者是唯一一位意大利人愿意和德国人共享的君主。意大利人的确把他看作国父之一,而德国人崇拜他的祖父腓特烈一世。这个"阿普利亚[1]的孩子"在意大利出生和成长,两岁时被选为国王,1220年加冕后大部分时间仍在地中海一带度过,这里也是他感兴趣的重点统治区域。他在那里的城堡,特别是矗立在安德里亚(Andria)附近的一座小山丘上的八角形的蒙特城堡(Castel del Monte)令人印象深刻。关于这位来自西西里的有魅力的皇帝有各种传说,他建立了基督教和伊斯兰传统,受过良好教育,支持并庇护知识和艺术,所以被人称为"世界奇迹"(Staunen der Welt)。今天看来,腓特烈二世的现代性体现在建立起行政管理制度,引入井然有序的法制国家管理模式[《梅尔菲[2](Melfi)宪法》]和在那不勒斯创办了欧洲第一所国立大学(1224)。腓特烈二世与教皇

---

[1] 阿普利亚是意大利南部的一个大区。下文提及的蒙特城堡也位于此地。
[2] 梅尔菲是意大利波坦察省的一个市镇。

间的矛盾激化，其后被称为"基督之敌"（Antichrist）。他在1228年最终履行诺言，率领十字军去圣城时，并没有发生流血冲突，而是用谈判和外交斡旋的方式进入耶路撒冷。这在我们今天看来是伟大功绩，而在当时却是异端之举。这个睿智的人同时也是一个暴君，连亲生儿子也成为了他冷酷无情的牺牲品，所以很多仰慕他的人也渐渐改变了想法。腓特烈二世与中世纪紧密相关，但他作为一个欧洲人、现代人和理智的思想家提前指明了未来的发展方向。

图林根的圣伊丽莎白

Elisabeth von Thüringen,1207—1231.11.17,生于沙罗什保陶克(匈牙利),卒于马尔堡,侯爵夫人

圣伊丽莎白是匈牙利国王安德烈二世(Andreas II.)的女儿,一岁时就已订婚,四岁时来到图林根宫廷接受教育,在那里嫁给了州领主路德维希四世(Ludwig IV.)。她在宗教上深受半俗尼[1]、圣方济各会修女和西妥教团僧侣的影响。马尔堡的康拉德(Konrad von Marburg)从1226年起成为她的告解神父。他是著名的严苛的苦行僧,引导圣伊丽莎白做慈善事业并避开宫廷生活。康拉德想让她全身心投入到灵魂救赎中,按照他的设定成为穷苦人希冀的理想型人物。圣伊丽莎白在笃信教义的时代遵从着康拉德的指引,投身于慈善事业中。1226年她在一场饥荒中打开官仓放粮,并分发生产工具,使百姓能解决温饱。值得一提的还有她于1226年在瓦尔特堡和1228年在马尔堡开设了医院。她在那里尽心尽责地照顾病患,比平常更为用心地护理一些重度残疾的病人。在12世纪和13世纪,富裕的城市市民阶层

---

[1] 半俗尼指过着修道院式生活,但不受誓言约束的宗教团队女性成员。

和贫苦大众的差距日益拉大。圣伊丽莎白特别符合新时期的虔诚标准,她为慈善事业做出了榜样,因此在病逝后四年,即1235年被封圣。

卡尔四世[1]

Karl Ⅳ., 1316.5.14—1378.11.29, 生于布拉格, 卒于布拉格, "罗马人及德意志人的皇帝"

传统主义者还是改革者？伟大的皇帝还是教皇的附庸？对卢森堡人卡尔四世的评价截然相反。他于1349年经过正式选举被立为神圣罗马帝国皇帝，1355年在罗马加冕。卡尔四世生活在一个动荡的年代：人口增加、鼠疫流行和气候急剧变化向社会提出了挑战。他是第二位来自卢森堡家族的皇帝，想从政治上巩固王朝的统治地位。在这方面，他的做派像是一个开明的君主：改善了管理制度，任用值得信赖的专业人士。为了实现这个目标，必须要有教育支持，所以他在布拉格建立了一所大学，这也是这个王国的第一所大学。他知道，如果没有诸侯的支持，他无法实现自己的强权统治目标，所以经常用高额的补偿金换来让步。卡尔四世重新开始进行权力协商，1356年颁布的《黄金诏书》（*Die Goldene Bulle*）中规定他可以合法进行这一活动。《黄金诏书》确保了王国未来成为稳定、共同协商的选举制君主政体，没有对立国王。卡尔四世早年在法国宫廷受到

---

[1] 又译作查理四世。

了良好教育,这使他除了写了一本自传外,还确立了谨慎的统治风格,与说外语的合作方进行得体的谈判。与这些非凡的成就相对的是对犹太人的政策。他为了中饱私囊,对迫害犹太人和没收财产的行为置若罔闻。

约翰内斯·古腾堡

Johannes Gutenberg，约1394至1399间—1468.2.3，生于美因茨，卒于美因茨，印刷匠

约翰内斯·古腾堡并没有留下太多关于他生平的痕迹。我们只能确定，他那台天才的印刷机彻底改变了世界。他的早年生活基本不为人所知。我们只知道他作为一名城市新贵的儿子上了拉丁语学校，也上过大学。直到1434年他的名字以金匠身份出现在斯特拉斯堡的纳税名单上，他的生活轨迹才变得清晰起来。由于他是一名金属手工艺者，所以非常了解机械，熟知冶金和金属加工。不久后他开始秘密从事一项发明，为此总是需要借钱，却鲜少能还钱，于是他常常被告上法庭，被要求偿还欠款。古腾堡就是这样悄悄地改良了当时的印刷机。他在小方块上刻下单个字母（活字字模），只用一套活字就能灵活便捷地印刷所有文章。制造活字的方块是一种结实的、由多种材料组成的固体混合物。考虑到纸张很柔软，这些材料不可以太坚硬。它们高度一致，确保了外观整齐。油墨必须要很好地渗入纸张，但不允许从字模上滴下来。用于一篇文章的字模放在一个字模盒里，印刷机必须对这些字模均匀地施加压力。古腾堡就是用这些小东西，直到1450年终于创造了一套全

新的印刷工艺。那时的文献靠手抄流传，贵族垄断了信息和知识，而活字印刷术让它们可以很快复制和传播，这也是引发革命和进入现代媒体社会的先决条件。这样说来，相对于他模糊的生平，古腾堡还是留下了一些非常具体的东西的。

雅各布·富格尔

Jakob Fugger，1459.3.6—1525.12.30，生于奥格斯堡，卒于奥格斯堡，金融家

大限将至：1509年，全力支持富格尔家族资产，为它的扩张奠定基础的梅尔希奥·冯·梅考尔[1]（Melchior von Meckau）去世了。他死后，遗产继承人与富格尔家族爆发了一场关于遗产归还的争吵，差点导致了富格尔家族的衰亡。危急时刻，雅各布·富格尔建立的体系发挥了作用。他的祖父母于1367年在奥格斯堡定居，之后在那里开始从事纺织品贸易，很快发展成了大企业。1506年起他自己管理生意，继续扩大家族企业规模，将其推向矿业工业的顶峰。富格尔家族在冶铜业满足了全欧洲40%的需求，以此向欧洲的权贵提供资金支持，使马克西米利安一世（Maximilian I.）和卡尔五世（Karl V.）两位皇帝早就有的选举和战争意愿得以实现，使教皇尤利乌斯二世（Julius II.）可以招募瑞士卫队，还帮助勃兰登堡的阿尔布雷希特（Albrecht von Brandenburg）贿赂罗马教廷，当上美因茨选

---

[1] 梅尔希奥·冯·梅考尔，迈森大教堂教长，布雷萨诺内主教及红衣主教，有侯爵封号。

帝侯。这些联系提高了富格尔家族在社会和政治上的知名度，也在1509年救了他们。雅各布很明白要团结经济利益驱使的社会关系网，把富格尔家族打造成欧洲著名的贸易大户。他于管理公司期间在分公司和安特卫普、里斯本及威尼斯等港口城市建立起了一个庞大的体系。但是富格尔家族一直远离成本过高的海外贸易项目，只在欧洲内部进行货物周转。富格尔在奥格斯堡建的福利社区今天仍然存在，这体现了当时人们认为经济应该服务于公共福利事业的观念。

阿尔布雷希特·丢勒

Albrecht Dürer，1471.5.21—1528.4.6，生于纽伦堡，卒于纽伦堡，艺术家

他是德国最著名的人文主义和改革派艺术家之一，可能也是近代最伟大的肖像画家。他的两幅肖像画被刻印在长期使用的货币——5马克和20马克纸币上。他在1500年创作的自画像几乎无人不识。这幅画的吸引力在于与基督像的神秘相似：大胆地将自画像与圣像联系起来。他的著名作品还有《母亲》(*Bild der Mutter*)、《野兔》(*Feldhase*)和《祈祷的手》(*Betende Hände*)。出身于手工艺者家庭的丢勒天赋异禀，年少时投身于绘画。他在漫游了四年后，于1495年在纽伦堡开设了自己的工作室，在那里从事木版画和铜版画的创作。宗教主题和当时大人物的肖像画是他创作的主要内容。丢勒把自己的画作交给专业的艺术代理商售卖，从商业的眼光来看，他的思维是超前的。他的装扮也颇为"现代"：典雅的服饰、怪异的头发和胡子式样及夸张的外表成了他的标志。旅行推动了他的创作：威尼斯之行后诞生了《启示录》(*Die Apokalypse*)、《基督受难记》(*Die große Passion*) 和《圣母玛利亚生平》(*Marienleben*)

等重要的木版画作品。1520年他去荷兰时受到像迎接凯旋队伍般的礼遇。诸侯、艺术家和收藏家把他视为欧洲顶级的艺术家，对他表示热烈的欢迎。

尼古拉·哥白尼

Nikolaus Kopernikus，1473.2.19—1543.5.24，生于托伦（波兰），卒于弗劳恩堡（今波兰弗龙堡），医生、天文学家、大教堂牧师、法学家

用业余爱好改变了世界？尼古拉·哥白尼给我们做出了榜样：他在研究法学和医学之余关注天文学，很快便深入钻研，早早成为这一领域的专家。哥白尼在法学专业毕业后于1503年回到弗劳恩堡，1495年时他就已被选为那里的大教堂牧师。在这个岗位上他身兼数职：作为医生照顾病患，作为经济政治家为改善铸币业做贡献，作为地理学家为家乡绘制地图，作为官员管理各种货物和村庄。更复杂的是，哥白尼还要调解条顿骑士团国[1]（Deutschordensstaat）和波兰之间关于田产的争端。但是他并没有丧失对可回溯到阿拉伯世界的天文学知识的兴趣。他早在大学阶段与反对托勒密（Claudius Ptolemäus）地心说的人来往时就开始研究天体的运行轨迹。众多现象都表明地球不是宇宙的中心。根据数学验证，地球能自转，和

---

[1] 条顿骑士团国（1230—1561）由条顿骑士团在征服普鲁士地区和古普鲁士人后于13世纪建立，范围包括古普鲁士国（之后的东、西普鲁士）、利沃尼亚（今爱沙尼亚以及拉脱维亚的大部分领土）等，信仰天主教。

其他行星一样围绕太阳旋转，否则无法解释其他的矛盾。日心说就这样诞生了。这一本质性的转变在物理学上的界定要在几个世纪后由开普勒和伽利略借助更先进的技术，如望远镜，才实现。物理学上的变化相应地带来了人类学上的转变：人不再是宇宙中心，而只是大自然的一分子。大自然有自己的、可被人类研究出来的规律——科学有了新的定义。哥白尼的一个业余爱好可谓影响深远。

马丁·路德

Martin Luther,1483.11.10—1546.2.18,生于艾斯莱本,卒于艾斯莱本,神学家、宗教改革者

没有哪个德国人像马丁·路德对欧洲中世纪和近代间的历史影响那样深远。他于1505年进入埃尔福特的奥斯定会修道院,两年后晋升为神父,被派往维滕堡大学攻读神学博士学位。这个维滕堡的修士敢于反抗皇帝、教皇和教会,想要对基督教进行彻底改革,他本不希望教会分裂,不过也奠定了新教的基础。一切的导火索是赎罪券之争,路德为此在1517年10月发表了《九十五条论纲》(95 Thesen)。他力图改革整个教会,但最终止步于国家和民族教会的特殊性。开除教籍和帝国禁令并没有产生什么改变:在他的改革中,教皇的权威是失败的一方,因为路德冲破了中世纪的普遍主义。他集雷厉风行的性格和宣传天赋于一身。在瓦尔特堡,他将《圣经》翻译成德语,使平民和诸侯都能阅读《圣经》,也推动了德语的统一。由他倡导的改革长期影响大多数人,并促进了伦理自由。在世俗方面,由他导致的教会分化使近代早期国家受益。尽管我们不能将路德根据宗教末世论提出的反犹主义等同于种族反犹主义,但这确实恶化了对犹太人的看法。

卡尔五世

Karl V., 1500.2.24—1558.9.21，生于根特（比利时），卒于埃斯特雷马杜拉（西班牙），"罗马人及德意志人的皇帝"

  他统治着一个日不落帝国，身为神圣罗马帝国皇帝却没有做到让他帝国的核心区域免受教派分裂。他比其他皇帝更虔诚地希望世界统一于基督教，但在多场战事上耗费了大量精力。临时抵御奥斯曼帝国于1529年对维也纳的入侵和西班牙血腥占领南美洲都发生在他统治期间；这场占领与埃尔南·科尔特斯[1]（Hernán Cortés）和皮萨罗[2]（Francisco Pizarro）的名字联系在一起。作为西班牙的哈布斯堡家族成员，卡尔五世从1519年起掌握神圣罗马帝国的命运，兼顾西班牙。随着西班牙的殖民扩张，他的统治范围东起菲律宾，西至秘鲁和今天的加利福尼亚。他自视为基督教的守护者，想作为统一的君主联合欧洲，这一计划由于对手强大而受阻：他与法王弗朗索瓦一世（Franz I.）为争夺统治地位，进行了激烈的斗争；他还与教皇闹翻；奥斯曼帝国的长期威胁直到1529年才解除。由于战事繁

---

[1] 埃尔南·科尔特斯，西班牙军事家、征服者，征服了阿兹特克帝国。
[2] 弗朗西斯科·皮萨罗，西班牙殖民者，征服了印加王国。

忙，卡尔五世无力阻止路德的宗教改革对他的王国的影响。特别是他的统治风格引发了很多必须解决的问题。卡尔五世因此要在多条战线上作战，过着充满变数的生活，并不能总是获得为巩固统治所力求达到的成功。他的"重要性"在于对这些变革并不成功的调解，而不是功绩。所以1556年，卡尔五世让位于他的弟弟斐迪南（Ferdinand I.），退居于一家修道院，这并不令人惊讶。

德国的米歇尔

Deutscher Michel，象征，诞生于1541年出版的塞巴斯蒂安·弗兰克〔Sebastian Franck〕整理的《箴言录：优美、智慧、精彩的言论及宫廷格言》(*Sprichwörter. Schöne, Weise, Herrliche Clugreden und Hoffsprüch*)

  世界各地都有反映一个民族对自己及其他民族的刻板印象的形象。法国人有"玛丽安"[1]（Marianne），美国有"山姆大叔"[2]（Uncle Sam），德国人则是"米歇尔"。米歇尔第一次出现在1541年出版的一本德语箴言录里。书里引入的这个形象与贬低农民的用语联系在一起，由此可以推断，米歇尔早在中世纪就问世了。至于这个名字源自天使长米迦勒[3]（Erzengel Michael）还是古日耳曼语mikhil（大的，强大的），我们不得而知。米歇尔年轻时，人们把他看作一个蠢笨的农民、做白日梦的人和酒鬼，所以他的名字特别适合骂对手。这体现了他的人格的基本特点：很容易适用于其他的或新的语境。米歇尔后来成为了一个没受过教育，

---

[1] 玛丽安，法国及其政府的绰号。
[2] 山姆大叔，美国的绰号和拟人化形象。
[3] 米迦勒，《圣经》提到的天使名字，神所指定的伊甸园守护者。在与撒旦的七日战争中，米迦勒奋力维护神的统治权，对抗撒旦，最终将其击败。名字意为"与神相似"。

不会讲拉丁语或法语的人的象征。同时他也代表"纯正"的德语和正直的德国人。歌德把他塑造成一个简单的市侩之徒，只关心自己的事情。米歇尔因此获得了一个戴高帽的机会：还有什么更符合这种慵懒、目光短浅的角色呢？在三月革命前和1848—1849年大革命期间，米歇尔这一形象达到了最大的中性普及化。他从冷漠到觉醒，成为君主专制的强大对手，但是最终屈服，被剥夺了自由。世界大战期间，他成为外敌的牺牲品，因此纳粹党人要求他发挥最大的积极性。冷战时期，米歇尔具有双重国籍，同时代表民主德国和联邦德国的德国人。现在他代表统一后的德国，并且不会在短期内"退休"。

阿尔布雷希特·冯·华伦斯坦

Albrecht von Wallenstein，1583.9.24—1634.2.25，生于赫日曼尼斯（捷克），卒于埃格（今捷克海布），军事家

华伦斯坦在神圣罗马帝国最动荡的时代接下了重任。他在三十年战争期间为帝国皇室对抗丹麦人、法国人、荷兰人和瑞典人。遇到财政危机的皇帝斐迪南二世（Ferdinand II.）急需华伦斯坦这样有财力又忠诚的人。依靠财政和军事实力，华伦斯坦能够组建一支有用的部队，并镇压初期在波西米亚反对斐迪南统治的起义。战争带给他的好处是显而易见的：皇帝为了褒奖他的战功，将他晋封为公爵，他靠战争扩大自己的产业，在占领的地区收税，来供给军队。人口因战争、疾病和赋税而减少，尤其是在战时会大幅减少。华伦斯坦在此期间成为军队的总司令，给予皇帝最大的支持，并在1629年击败了丹麦。他的成果引来了嫉妒，怕他功高盖主。因此1630年皇帝将他免职。瑞典国王古斯塔夫·阿道夫二世（Gustav II. Adolf, 1594—1632）于1632年入侵神圣罗马帝国后，皇帝又想起了华伦斯坦，重新起用他。他在被获知与瑞典单独进行和平谈判后，遭到对手陷害，被忠于皇帝的几个军官刺死。战争最终也反噬到了他身上。

萨穆埃尔·冯·普芬多夫

Samuel von Pufendorf,1632.1.8—1694.10.26,生于多夫开姆尼茨,卒于柏林,法学家

从亚历山大·冯·罗埃斯[1](Alexander von Roes)到尤尔根·哈贝马斯(Jürgen Habermas),德国历史上关注国家建设的思想家辈出。机构、宪法、法律和行政机关应该如何设置?人在其中应该起什么作用?萨穆埃尔·冯·普芬多夫就是处理此类问题的第一个举世闻名的德国人,他曾与约翰·洛克(John Locke)、卢梭(Jean-Jacques Rousseau)和杰斐逊(Thomas Jefferson)辩论过。普芬多夫在莱比锡和耶拿上完大学后成为瑞典驻丹麦大使的家庭教师。胡戈·格劳秀斯[2](Hugo Grotius)的儿子介绍他在1661年取得海德堡大学自然法和民法教席。1667年他去了隆德,在那里作为严谨的法学家为人所熟知,而不是被诋毁为政治哲学家。他的代表作《论自然法和万民法》(*De iure naturae et gentium libri octo*)——欧洲阅读量最大、最具启发性的关于自然法的著述也是在那里写成的。十年后,瑞典国王邀

---

[1] 亚历山大·冯·罗埃斯,德国中世纪学者,主教大教堂教士会成员。
[2] 胡戈·格劳秀斯,近代西方思想先驱,国际法学创始人,被人们同时尊称为"国际法之父"与"自然法之父"。

请他到斯德哥尔摩任职,他在那里主要担任宫廷历史学家,和1688年起在勃兰登堡宫廷的职位相同。普芬多夫的学说的核心是国家的重要作用。只有国家强大,才能确保公民的自由权,因此公民应为了保护自身,而将反对权让渡给统治者。对他而言,脱胎于基督教的福利思想最重要:每个社会成员不应该只顾自身,而是应该主动帮助他人获得幸福。时至今日,普芬多夫的思想仍在影响德国的刑法:根据他的义务学说,人们仅有权要求别人出自自愿而非被迫或受疾病影响而行事。这种长期而根本性的影响表明了这些思想永恒的意义。

格吕克尔·冯·哈默尔恩

Glückel von Hameln，1645/1646—1724.9.17，生于汉堡，卒于梅斯（法国），商人

格吕克尔·冯·哈默尔恩是一个典型的解放的女商人，出生在一个成功的商人家庭。更引人注意的是，她作为一个犹太人，需对抗来自宗教上的敌意，在她的出生地汉堡长期面对被迫改宗和驱逐出境的威胁。1661年她嫁给了一个来自哈默尔恩的首饰商，一年后回到了汉堡。看起来幸运之神很眷顾她，丈夫的生意兴隆，在全欧洲建立了贸易网。格吕克尔从旁协助，成为得力助手。1689年她的丈夫意外去世，她被家族抛弃和孤立，只能决定继续经营生意，最终要赚钱养活八个未成年的孩子，为将来积累资金。除了养育子女，格吕克尔还要打理生意：维护与客户的关系，进货卖货，参展，还开了一家长筒袜工厂。并不令人惊讶的是，她背负的压力让她无法冷静下来，1691年起在失眠的夜里书写回忆录："我不能……陷入抑郁的情绪中。"格吕克尔撰写了第一部著名的女性自传，这本书于1910年首次从意第绪语翻译成了德语。由于对生意感到厌倦，想追求平静的生活，她于1700年再嫁给梅斯的一个银行家。这

个人很快破产,于1712年去世。格吕克尔一贫如洗,寄居在一个女儿家里,直到去世。这对一个成功的女管理家和单亲妈妈来说是个悲惨的结局。

戈特弗里德·威廉·莱布尼茨

Gottfried Wilhelm Leibniz，1646.7.1—1716.11.14，生于莱比锡，卒于汉诺威，外交家、法学家、数学家和哲学家

将莱布尼茨称为最后一个全能学者并不算过誉。他几乎对所有17及18世纪初期的学科都有涉猎。早期启蒙运动深受他的影响。据记载，莱布尼茨在13岁时的一个早上写了300行六音步诗，14岁起研究逻辑学，阅读开普勒、伽利略和笛卡儿（Rene Descartes）的著作。他写于1667年的法学论文极其出色，甚至可以被直接授予教授头衔。但莱布尼茨拒绝了，因为他不仅想研究理论，也想要实践。1673年，他在伦敦皇家学会展示了第一台可应用于所有基础计算类型的机械计算器模型。不久后，他设计出一种二进制计数体系，日后的计算机就是以此为基础的。此外他还被派到巴黎执行外交任务，他在那里结识了当时最著名的学者。身为汉诺威宫廷顾问的他也在尝试用风车抽取哈尔茨山矿坑里的地下水。他想让天主教和新教重新统一，找寻上帝存在的证据，进行语言学研究，撰写形而上学专著，在他人生的最后阶段形成了"单子"（Monade）论，即存在于万物中的统一单元。1892年，赫尔曼·巴尔森（Hermann Bahlsen）将他发明的黄油饼干命名为莱布

尼茨，因此现在大家都在"吃"他。肯定与这个天才有关的还有一点：1986年起颁发的德国科研最高奖以他的名字命名。

玛丽亚·西比拉·梅里安

Maria Sibylla Merian,1647.4.2—1717.1.13,生于美因河畔法兰克福,卒于阿姆斯特丹(荷兰),艺术家、自然科学家

梅里安的亲生父亲马特豪埃斯作为著名的《梅里安旅行指南》的标签流芳百世。她自己的强项则是扎实的分析和生动的描述,这方面无人能出其右。作为一位画家和绘图师的继女,玛丽亚·西比拉·梅里安很早就学会了相应的技巧,小小年纪能独立画出铜版画。她同时还对毛毛虫的变态过程很感兴趣,它们变成色彩斑斓的蝴蝶的过程在她看来是活力和上帝的创造力的象征。她在用卖颜料和亚麻布及教画画的方式补贴家用时,渐渐对昆虫学感兴趣,在图谱中记录下自己的观察。梅里安深深沉迷于这个题目,她攒钱去苏里南(南美洲)做考察,甚至不惜变卖家产。她在那里待了两年,顶着热带气候和女儿一起向自然进发,收集昆虫标本并描绘它们。这些工作在1705年汇集成梅里安的代表作《苏里南昆虫变态图谱》(*Veränderungen der surinamschen Insekten*)。它精准的彩绘与对飞蛾和蝶类两种形态的分类、对变态过程的描绘等科学知识,具有划时代意义,至今仍未过时。梅里安推动了昆虫学的发展,是一位蜚声国际的女学者。

约翰·塞巴斯蒂安·巴赫

Johann Sebastian Bach，1685.3.31—1750.7.28，生于爱森纳赫，卒于莱比锡，作曲家

一代代音乐家都称约翰·塞巴斯蒂安·巴赫为给予他们灵感最多的人。这位管风琴家在音乐学上被认为是复调、赋格和声乐大师。他是作品被演奏最多的作曲家之一，人们从两个方面评价他的作品：一是音乐艺术方面，一是神学。在神学上，巴赫为路德宗的赞美诗谱曲，将民歌与要求神圣庄严的礼拜结合起来。因此他的一些大作品，如《马太受难曲》(*Matthäus-Passion*，1729) 等也一直被用于礼拜仪式。作为普通人的巴赫被认为代表平易近人、虔诚、顾家和辛苦的工人的刻板的路德宗价值观。他作为这类人的代表，与路德或瑞典国王古斯塔夫·阿道夫一起出现在19世纪末期莱比锡圣托马斯大教堂[1]的南窗上。他的作品即便被认为缺少诗意，也被广为接受，评价呈现两极。一方面，有人认为他的教堂音乐在启蒙和世俗的觉醒中已经过时；另一方面，他仍在启发着20世纪的音乐创作。巴赫和亨德尔（Georg Friedrich Händel）在民族运动中并列为"德

---

[1] 又译作"圣多马教堂"。巴赫曾长期担任这座教堂的合唱团指挥，他也葬于此地。

意志音乐"的代表。在一战中，巴赫虔诚的宗教音乐为宣传坚持到底的口号而服务；而国家社会主义工人党的兴趣则在瓦格纳的更为庄严的日耳曼神话上。由于巴赫的音乐具有大众化的特征，民主德国政权将巴赫塑造为社会主义先驱，并用"他的"圣托马斯教堂合唱团作为文化使者。德国以外的世界将巴赫看作拉丁音乐家，而不认为他是纯德国做派。因此巴赫被全世界视为德国文化和新教宗教音乐最伟大的象征。

腓特烈大帝

Friedrich der Große，1712.1.24—1786.8.17，生于柏林，卒于波茨坦，普鲁士国王

腓特烈大帝站在起点：如果可以用普鲁士历史代表普遍意义上的德国历史，那要归功于他的政治影响。后来被尊为"大帝"的腓特烈二世为君主专政奠定了基础，这一政体对欧洲发展的影响延续到1945年。他是从暴发户一跃成为欧洲大国舞台上稳定而强大的参与者的。他那不讨人喜欢的父亲——"士兵国王"(Solidatenkönig) 腓特烈·威廉一世 (Friedrich Wilhelm I.) 推崇严格的斯巴达式军事化保障体系，设定了这种政治风格，并开始实施整顿措施。最终的完成者还是腓特烈二世。在西里西亚战争（1740—1742及1744—1745）和七年战争（1756—1763）中他兼并了大片领土，开发了刚占领的西里西亚地区的采矿冶金业。作战幸运获胜，加上对手联盟的势力变化，是腓特烈大帝成功的主要原因。这些为争夺权力和原材料的进攻战也让他作为野蛮的掠夺者而名声大噪。他将国家需要放在首位，像管理一家企业，不允许它破产一样冷静而独断地治理国家，保留对每项决定的最终决定权。他自称是"国家的第一公仆"(Erster Diener des Staates)，所以对别人的要求是

做出成绩，也预设别人应该做到这一点。与被后世奉为一个强大统一国家典范的"强权人物"相对的是对文化的热爱：他醉心于哲学和音乐，经营着哲学圈，吹横笛，创作自己的协奏曲。因为他谦逊，实行开明政策，秉承法制公平的观念，被民众和后来许多民主人士奉为榜样。"普鲁士神话"的开创者作为个体，也对行事风格的形成产生了影响。

伊曼努尔·康德

Immanuel Kant，1724.4.22—1804.2.12，生于哥尼斯堡，卒于哥尼斯堡（今俄罗斯加里宁格勒），哲学家

据说他每天都在固定的时间散步，一丝不苟地遵守睡觉时间，以至于人们可以根据他的作息来调表。他从来没有离开过自己的家乡哥尼斯堡，却为整个世界规划蓝图：这就是伊曼努尔·康德，一个有趣的怪人。尽管如此，也可能正因如此，他的作品被认为是哲学史上的里程碑。他首次建立了一个系统的、无悖论的理论体系，人们可以用它来客观地思考关于自身和周围环境的问题。当每个人对世界的感知不同，对各种联系的解释也不同时，如何贴切地描述世界？康德区分了自在存在的世界和人们感知的世界这两个层面。人类可以描述自己所见，用思考能力理顺它们，但最终无法理解事物"自身"的本质。一切事物独立于人类的视角（主观性）而存在，因此不存在普适知识（客观性）。康德将理性（Vernunft）理解为人类有意义地理顺并描述周围环境的能力。人类可理解的事物就是"理性的"。这里要求每个人都具备独立思考自身所处环境的能力，这就是康德的启蒙思想。集中所有理性世界，从而得到整体情况。他的"永久和平"（Das ewige Frieden）也

是基础理念。当国家理性地遵循目标,在协议中彼此尊重,事先考虑对方,相互理解,就能达到这种状态。康德用这些观点奠定了近代哲学的基础。从哥尼斯堡到全世界,在这里人们可以看到用纪律能实现的一切。

叶卡捷琳娜大帝（二世）

Katharina die Große，1729.5.2—1796.11.17，生于斯德丁（今波兰什切青），卒于圣彼得堡（俄罗斯），女沙皇

她统治着欧洲最大的内陆国家，巩固并扩大了它的势力。在皇帝和国王的世界里，她是唯一一个获得"大帝"称号的女性。德国安哈特-采尔布斯特的索菲亚·奥古斯塔·弗雷德里卡（Sophie Augusta Fredericka von Anhalt-Zerbst）在1762年成为俄国的女沙皇叶卡捷琳娜二世，在位达34年之久。1745年她在腓特烈大帝主持下，嫁给后来的沙皇彼得三世（Peter III.）。但因丈夫嗜酒如命，举止幼稚，婚姻生活极其不幸，最终破裂。她发动政变，把丈夫赶下台，建立了牢固的权力网，其中也包括自己的21个面首。叶卡捷琳娜二世通过与奥斯曼帝国的两次战争和三次瓜分波兰拓宽了俄国的疆域。她建立了成功的世俗学校教育体系，男女都可以接受教育。1775年的行政改革将国家改为省和县两级管理体制，从圣彼得堡直接进行有效管理。她经常巡视全国，实地发现问题，寻找解决的良策。此外她还自认为是一个有艺术才能的开明君主。她会写诗和小歌剧剧本，熟知时尚，阅读广泛。她因严谨和坚韧被

许多欧洲君主视为楷模。叶卡捷琳娜巩固了俄国的政权,将其发展成为欧洲强国,她是历史上最有影响力的女性之一。

摩西·门德尔松

Moses Mendelssohn,1729.9.6—1786.1.4,生于德绍,卒于柏林,哲学家

在德意志和犹太文化对立时期,他是一种生活方式的最著名的代表,在不背弃犹太传统的前提下重新诠释了它。越境者[1]摩西·门德尔松是哈斯卡拉运动[2](Haskala)——犹太启蒙运动——时期最重要的象征。这场运动从18世纪中叶持续到19世纪末,提倡现代、世俗化、不那么正统的生活方式。两种社会文化可以通过这种方式彼此接近。门德尔松将德语语言和世俗学科引入犹太人的教育经典,因此在1812年普鲁士颁布《犹太敕令》[3](*Emanzipationsedikt*)之前引发了矛盾。他与莱辛[4](Gotthold Ephraim Lessing)间的

---

1 此处意带双关。摩西本是《圣经·旧约》中的历史人物,在上帝指引下带领被奴役的希伯来人逃离埃及,前往应许之地——迦南,被视为犹太民族的精神领袖。此处用来类比与摩西同名的门德尔松对犹太人精神的引领与重塑作用。
2 这场运动以启蒙运动为基础,以追求解放为目标,并通过改变发型、服装、生活方式及接受学校教育来努力达到对社会环境的适应,因而导致了数量日益增多的犹太人向世俗教育和德意志民族语言文化的转向。——*Harenberg Kompaktlexikon*, Bd.2. Dortmund: Harenberg Lexikon Verlag, 1996, S. 1197, 转引自罗衡林《论普鲁士犹太人的解放》,载《武汉大学学报(人文科学版)》,2004(1):46。
3 这部法律正式认可了犹太人与普通居民同样可享有的自由从事职业、占有地产等市民权,但仍禁止犹太人担任国家公职。
4 莱辛,德国启蒙运动时期剧作家、文艺批评家和美学家。

友谊也凸显出这种融合的意愿,颇具象征意味。尽管受到担心犹太人身份认同的虔诚派犹太人的敌视,他仍代表了一部分从异端和顽固走向进步和革命的犹太人。他使犹太人以正面的形象出现,之后他们在文学上发挥了更大作用。许多人将门德尔松的影响视为犹太人近代史的开端。他于1763年击败康德,获得普鲁士皇家科学院奖,去世后仍长期受人尊重。直到魏玛共和国时期,作为少数派的犹太裔仍在徒劳地争取将门德尔松列为德国的奠基人之一。

约翰·沃尔夫冈·冯·歌德

Johann Wolfgang von Goethe，1749.8.28—1832.3.22，生于美因河畔法兰克福，卒于魏玛，文学家、自然科学家

弗里德里希·冯·席勒

Friedrich von Schiller，1759.11.10—1805.5.9，生于内卡河畔的马尔巴赫，卒于魏玛，文学家

作为在国内外德国文化的象征，他们创造性的工作贡献了至今仍被尊崇的文化经典。歌德是当时的全能天才：他的不计其数的诗歌、戏剧和叙事作品中诞生了大量德语箴言。除了文学作品，他广泛涉猎了几乎所有学科，写了关于人类颌间骨、色彩学、植物进化等文章。歌德是萨克森-魏玛-爱森纳赫公国的战争兼财政大臣，成功主持了财政和采矿业改革。他发表了《葛兹·冯·伯利欣根》(*Götz von Berlichingen*) 和《少年维特之烦恼》(*Die Leiden des jungen Werthers*)，与别人共同开创"狂飙突进"时代，这是一个年轻作家与权威和传统诗学观念决裂的时代。之后他蜚声德国文坛。他后期的朋友席勒受到那个时代的思想的深刻影响，但是更关心政治，也更激进的席勒比歌德更为激烈地批判当时的专制制度和等级社会。争取个人自

由和收入、在作品中更贴近百姓语言的席勒也比看起来傲慢的歌德更受大众欢迎。二人的友谊激发了他们的创作激情和思想交流。随着友情的增进，他们都获得了高质量的产出，创建了"天才"的概念。他们和赫尔德[1]（Johann Gottfried Herder）、维兰德[2]（Christoph Martin Wieland）一同创立了"魏玛古典主义"，这种古典主义倡导回归古希腊罗马时期，追求至真、至善和至美。

---

1 赫尔德，德国哲学家、诗人、神学家，18世纪启蒙运动先驱，影响了"狂飙突进"时代和浪漫主义文学，对年轻歌德的影响很大。
2 维兰德，德国作家，启蒙运动后期的重要代表。

卡尔·奥古斯特·冯·哈登堡侯爵

Karl August Fürst von Hardenberg, 1750.3.31—1822.11.26, 生于埃森罗德（吉夫霍恩），卒于热那亚（意大利），官员

海因里希·弗里德里希·卡尔·冯·施泰因男爵

Heinrich Friedrich Karl Reichsfreiherr vom und zum Stein, 1757.10.25—1831.6.29, 生于拿骚/拉恩, 卒于卡彭堡, 官员

那场失利是毁灭性的，一切都成为废墟。普鲁士于1806年在耶拿和奥尔施泰特两场战役中惨败给欧洲新贵拿破仑，这不仅是难以形容的军事溃败，一度很自豪的国家也陷入风雨飘摇，统治者和普通百姓的自信跌到零点。在事关生死存亡的危急情况下，高官们开始制定新的政策，以期渡过危机，重新整顿国家，使其恢复生机。这场1807—1815年的普鲁士改革以主要发起人之名被命名为施泰因-哈登堡改革，是一种自上而下的革命，涉及各个领域：行政、农业管理条例、工商业管理条例、教育和军事。在改革中开始实施农民解放、工商业自主管理，向市民开放义务兵役制，废除体罚，平等对待犹太人。参与改革的

沙恩霍斯特[1]（Gerhard von Scharnhorst）、格奈森瑙[2]（August Neidhardt von Gneisenau）、威廉·冯·洪堡（Wilhelm von Humboldt）等人达成共识：绝不能开历史的倒车。谁试图顽固地反对1789年法国大革命的理念，谁就会面临覆灭。施泰因和哈登堡的宏大计划发表在《拿骚备忘录》和《里加备忘录》中，它使普鲁士的官僚机构现代化，以此加强军事实力。只有这样才能使普鲁士摆脱拿破仑的包围，重新回到欧洲大国行列。

---

1 沙恩霍斯特，普鲁士将军，伯爵，军事改革家。普鲁士总参谋部的奠基人。
2 格奈森瑙，普鲁士陆军元帅，普鲁士军事改革和第六次反法同盟战争中的重要人物。

亚历山大·冯·洪堡

Alexander von Humboldt,1769.9.14—1859.5.6,生于柏林,卒于柏林,植物学家、地理学家、矿物学家

威廉·冯·洪堡

Wilhelm von Humboldt,1767.6.22—1835.4.8,生于波茨坦,卒于柏林,教育政策家、外交家、语言学家

他们在各自的领域带来了极大进步。洪堡兄弟原本想当公务员,但在哥廷根上大学时发现了各自的爱好:亚历山大喜欢自然科学,威廉喜欢人文科学。因为父母的缘故,他们很早就与普鲁士宫廷及戈特洛布·克里斯蒂安·昆特[1](Gottlob Christian Kunth)、克里斯蒂安·威廉·多姆[2](Christian Wilhelm Dohm)等教育家有来往,进行过多次讨论。在某种意义上,这些人给他俩预先指定好了道路。亚历山大——一直在路上的旅行者和未婚者——用他在印度、中美洲和南美洲及西伯利亚的田野调查记录世界,使之成体系化,在国际上声望很高,甚至连美国总统杰斐逊都邀

---

[1] 昆特,德国政治家和教育学家,洪堡兄弟的老师和忘年交。
[2] 多姆,德国外交家、法学家、政治历史作家,犹太解放运动的参与者。

请他去自己家住几周。深居简出的威廉致力于历史书写、语文学和宪法问题的理论研究。作为专家的两人很受欢迎。他们以跨学科的科学研究使普鲁士皇家科学院活跃起来。作为普鲁士教育事务的主管,威廉在1808—1809年的普鲁士教育改革中发挥了决定性作用,加强了中小学校在教育中的核心地位,提升了九年制文理中学的意义。他还作为使者在梵蒂冈和维也纳宫廷维护普鲁士的利益。洪堡兄弟以其开阔的视野代表着由教育获得的、独立而负责任的思想和行为,因此他们对塑造德国人作为"文学家和思想家"的形象起了决定性的作用。

路德维希·凡·贝多芬

Ludwig van Beethoven，1770.12.17—1827.3.26，生于波恩，卒于维也纳（奥地利），作曲家

贝多芬还在世时就与莫扎特一同被誉为欧洲最著名的音乐天才。很多同时期的人将其视为有活力的音乐家、意志力和绝妙的灵感的象征，不过孱弱的身体折磨着这个原创天才。好胜心强的父亲一心想把儿子培养成天才，孩子四岁就要站在椅子上练习弹钢琴，以此获得了勤奋、有天赋的音乐家的名声。当时最伟大的音乐家之一海顿（Franz Joseph Haydn）将贝多芬收为弟子。贝多芬在维也纳连续不断地创作，谱写富于表现力的协奏曲，观众反响热烈，但是他也受到了打击：他由于听力逐渐下降，萌生了自杀的念头。他舍弃了对外部生活的要求，造就了1800—1812年的"英雄"时期。在很短的时间内，交响曲、钢琴协奏曲和他唯一一部歌剧作品《费德里奥》(*Fidelio*) 相继问世。贝多芬在创作完第八交响曲后深深地陷入了抑郁。这是一段黑暗岁月，他的听力持续下降。1817年，贝多芬完全失聪，再也听不到任何音乐。反抗，"穿越黑暗走向光明"，这个绝妙的想法在《第五交响曲》(《命运交响曲》)开始那著名的四个音符中就有体现。他在《第九交响曲》

(《合唱交响曲》)的最后一个乐章用《欢乐颂》(*Ode an die Freude*)表达了对一个更好世界的向往——那是一个由对未来充满信心的更好的人组成的世界。他是反叛的共和党人兼音乐大师吗?目前为止,没有其他的音乐创作具有这样从未间断的话题性,这并不出奇。

格奥尔格·威廉·弗里德里希·黑格尔

Georg Wilhelm Friedrich Hegel，1770.8.27—1831.11.14，生于斯图加特，卒于柏林，哲学家

人类曾经像歌德笔下的浮士德那样追寻"世界本质上是由什么组成的"，即对世界的发展过程和人们怎么客观地认识并描述这个问题的哲学解释，也思索过世界的特征和世界如何影响其中的存在。一个只有自己感受的人可能知道什么？如何只从人类的想象力出发，推断出人之外和超过人自身、创造出人类而人类又是其一部分的东西？所谓的"德国唯心主义"（Der deutsche Idealismus）哲学家试图扩展康德的学说，建立自己的体系。费希特[1]（Johann Gottlieb Fichte）创立了一个更注重演绎的体系，人们应该在这个体系里从各种观察所得的原则出发，遵循一个宏大而客观的世界筹划（Weltentwurf）。谢林[2]（Friedrich Wilhelm Joseph Schelling）也成功地做到了类似的一点：从世界的总体蓝图来看，个体多样性是自然和精神的基础潜能发展的不同阶段的结果。所有的构想的相同点是：它们

---

[1] 费希特，德国哲学家、作家、古典主义哲学代表。
[2] 谢林，德国哲学家、人类学家、唯心主义哲学代表。

以人类的自我意识为前提，但这只是全世界的一部分。黑格尔用他的构想为这些思考画上了句号，他因霍乱去世后，唯心主义的时代宣告结束。他认为，对世界的认识会逐步发展成熟：一个理论的弱点会被指出并更正，这个过程不断重复。因此人类会不断摸索前进，越来越接近，并最终到达世界的边际。黑格尔跨越了主观与客观的对立，而其他学说没能做到这一点。他因此成为辩证法之父，终结了浮士德的追寻。

梅克伦堡 – 斯特雷利茨的露易丝

Luise von Mecklenburg-Strelitz, 1776.3.10—1810.7.19, 生于汉诺威, 卒于霍亨齐里茨, 普鲁士王后

普鲁士历史上有魅力的女性很罕见。桃色事件和漠视决定了统治者与女性的关系。梅克伦堡 – 斯特雷利茨的露易丝出现得恰逢其时：她以热心和美貌为普鲁士的王储腓特烈·威廉二世[1]（Friedrich Wilhelm Ⅱ.）及其人民所吸引。百姓们早在他们的婚礼上就表现得很激动。她真诚而友善，与丈夫真心相爱，抗拒宫廷礼仪；民众与统治者间最终又有了正面的共同点。在对拿破仑作战失败时她坚定地站在丈夫一边，与他一同逃往东普鲁士。1807年7月6日，她试图阻止被她迷住的拿破仑在蒂尔西特会晤中制定对普鲁士极为苛刻的和平协定，但没能成功。露易丝努力改变丈夫在政治上的优柔寡断，并支持普鲁士的改革家。19世纪的历史学家并没有充分认识和肯定她的作用，因为这并不是一个女人应该做的。从她去世后被迅速理想化可见她的受欢迎程度。她被称为坚强、忠诚、亲民的女性，普鲁士的救星，如果没有她，就不会有1870—1871年的德国统一。

---

1 原文如此，疑为腓特烈·威廉三世之误。腓特烈·威廉二世是露易丝的公公。

对许多人而言,她因疾病缠身而早逝体现的是她的忧国忧民。露易丝代表着身处最危难的政治环境中仍尽到了自己义务的女性典范。

弗里德里希·路德维希·雅恩

Friedrich Ludwig Jahn，1778.8.11—1852.10.15，生于兰茨/普利格尼茨地区，卒于温斯特鲁特河畔的弗赖堡，体操家、政治家

"体操之父"雅恩被神化了，不过他的形象在历史上也有明显的波动。他是一个相当倔强的学生，大学中途辍学，担任过家庭教师。拿破仑战争期间也是德意志民族自我意识觉醒的时期，雅恩的时代到来了。"体操"并非与政治无关，恰恰相反：雅恩将体操运动视为备战的方式，与志同道合的人一起进行军事训练和击剑，用长途行进和在河中游泳的方式锻炼耐力。他在著作《德国的体操艺术》(*Die Deutsche Turnkunst*，1816) 中认为，体操应该用于"培养强健的祖国保卫者"。雅恩自己是一个民族主义者，思想中有一定的种族主义和反犹主义成分。在三月革命之前，欧洲各地君主复辟潮平息时，民族主义是一种解放的意识形态，《卡尔斯巴德决议》[1] (*Karlsbader Beschlüsse*) 在1819年以"危害国家"为名禁止体操运动。雅恩被禁止从政，成

---

[1]《卡尔斯巴德决议》是德国政府为反对和镇压民族统一运动和自由制定的四项法律，它包括大学法、新闻法、关于临时执行权的规定、设立联邦中央机关，查究"革命的颠覆活动"。

为专制政体的牺牲品。1848年他在法兰克福圣保罗大教堂作为右翼分子从事政治活动[1],而体操运动的支持者显然持民主观点,与他保持距离。在德意志帝国时期,体操事业转向民族主义,催生了雅恩的神话。第三帝国把他选为人民的榜样,号召大家学习他的同志情谊和献身精神。时至今日人们仍然很难接受他:无论他关于民族主义的观点是不是一种民主观念的核心,他的毫无节制、对法国的恐惧与厌恶以及反犹主义仍然抹黑了雅恩的形象。与之相对的是,他在体育史上的意义毫无争议:从双杠到单杠再到平衡木,雅恩几乎发明了所有重要的体操器械。

---

[1] 此处指的是他被选为法兰克福国民议会议员,出席议会讨论。

雅各布·格林

Jacob Grimm,1785.1.4—1863.9.20,生于哈瑙,卒于柏林,文学家、语言学家

威廉·格林

Wilhelm Grimm,1786.2.24—1859.12.16,生于哈瑙,卒于柏林,文学家、语言学家

当著名的"日耳曼学之父"开始收集民歌和传说时,他们既不是学者,也不是日耳曼学家,而是两个热情的二十几岁的年轻人。《汉赛尔与格莱特》(*Hänsel und Gretel*)、《霍勒太太》(*Frau Holle*)、《小红帽》(*Rotkäppchen*)、《侏儒怪》(*Rumpelstilzchen*)、《画眉嘴国王》(*König Drosselbart*),哪个德国小孩不是听着这些故事长大的呢?这门绝不是一直都很有趣的民俗学不仅仅是德国人的精神财富,《格林童话》的手稿本在2005年入选《世界记忆名录》。在拿破仑政权垮台,黑森选侯国复辟后,兄弟二人先在卡塞尔当图书馆管理员,后来去了哥廷根。他们发誓永不分离,所以几乎总是一起出现在各地——参加

"哥廷根七君子事件"[1]（Göttinger Sieben），抗议国王废除宪法，于1837年被驱逐出这座大学城。雅各布于1848年重新回到了法兰克福国民议会。1854年，他们出版了《德语词典》（*Das Deutsche Wörterbuch*）。雅各布的《德语语法》（*Die Deutsche Grammatik*）是近代词源学的划时代之作，所以他还在世时就比弟弟更出名。尽管雅各布取得了伟大的个人成就，但也不能没有威廉。共生就是格林兄弟创作力之谜的答案。

---

[1] 1837年，新继位的英国国王兼汉诺威大公奥古斯特独断专行，拒绝宣誓效忠宪法，甚至废除了不再允许国王有专断和绝对权力的宪法。哥廷根大学的七位教授表示抗议，被国王解职，并将包括雅各布·格林在内的三人驱逐出境。

海因里希·海涅

Heinrich Heine，1797.12.13—1856.2.17，生于杜塞尔多夫，卒于巴黎（法国），文学家

伟大的诗人，世仇的调解者，针砭时事的评论家：现在，海因里希·海涅是德国最著名的文学家之一。他的代表作是《罗蕾莱之歌》(*Lied der Loreley*)，这首诗使题目里的罗蕾莱的传说鲜活起来。由于他的作品很适合歌唱，所以他也是作品被传唱最多的德语作家。这个法学博士的一生很有争议。他1827年出版了《诗歌集》(*Buch der Lieder*)，作为一颗新星，用现代、中肯、亲民，也有些许讽刺的元素为浪漫派注入了活力，因此一举成名。但他因为是"对德意志文化一窍不通"的犹太人，而受到民族主义者群体的强烈排斥。海涅所写的批判时政的作品被查禁，所以他想逃离这个环境一点也不令人奇怪。1831年，海涅去了巴黎——他心中这个时代最好的地方，本想暂时流亡，却住了很久，直到他因瘫痪去世为止，也只是回家乡小住。对他的评价毁誉参半：德意志邦联诋毁他为"卖国贼"，在法国却是正面的德国的象征。他试图用文章拉近两个社会的距离，不过也警告德意志民族主义的负面后果。在诗作《西里西亚的纺织工人》(*Die schlesischen Weber*，1845) 中，

海涅发出了批判社会的强音。在《德国,一个冬天的童话》(*Deutschland. Ein Wintermärchen*,1844)中他将国家关系漫画化。因此,海涅并不是一个纯粹的诗人:他批判时代,也被称为德国小品文的创始人。

赫尔穆特·卡尔·贝恩哈特·冯·毛奇[1]

Helmuth Karl Bernhard von Moltke，1800.10.26—1891.4.24，生于帕尔希姆（梅克伦堡），卒于柏林，军人

"先思而后行"，这就是毛奇的座右铭。他在1866—1871年的战争后成为当时最成功的总参谋长，比俾斯麦（Otto von Bismarck）和陆军大臣罗恩（Albrecht von Roon）更受欢迎。这个梅克伦堡人的戎马生涯始于丹麦军队，1822年转入普鲁士军队，战争对于他而言是神圣的世界秩序的一部分。毛奇并不信奉康德倡导的"永久和平"，而是继承并发展了军事理论家克劳塞维茨（Carl von Clausewitz）的思想。战争对某些人来说是用其他手段继续实施政策，但这只能是最后一招。毛奇将这种看法极端化，他认为：战争的目的是用武器执行政府的政策。1858年他被任命为普鲁士陆军总参谋部总参谋长，很快就施展出了才干。他重组了总参谋部，建立了中产阶级的军事学院，推动铁路网的建设。毛奇是"全面战争"(der totale Krieg)的预备阶段——现代人民战争的先驱，他认清了作战指挥

---

[1] 为与他的侄子小毛奇（Helmuth Johannes Ludwig von Moltke）相区分，也被称为老毛奇。

与技术发展间的联系。他建立了德国军队指挥思想的根本传统，摒弃了当时常见的疲劳战术，取而代之的是歼灭对手。现在，毛奇被视为合乎道德标准的天才军事指挥家的化身。不过他真的做到了他自己呼吁的那样，在现代战争中成为掌握主动权的主人吗？

罗蕾莱

Loreley，传说人物，诞生于布伦塔诺（Clemens von Brentano）1801年出版的小说《哥德维》（*Godwi oder Das steinerne Bild der Mutter*）中的叙事诗《写给莱茵河上的巴哈拉赫城》（*Zu Bacharach am Rheine*）

上韦瑟尔附近的莱茵河里程碑554公里：一座矗立在河中的暗礁使航道变窄，水流变得湍急，导致这里成为几百年来德国航运事故多发地带之一。此外，陡峭的岩壁发出强大的回声，中世纪的人们认为这是住在岩石里的小矮人发出的声音。从某些方面编造出一个完整传说的素材够多了，德国历史上最著名的传说人物形象之一——罗蕾莱就这样诞生了。1801年，布伦塔诺首次将各种素材整合成一首叙事诗，触动了新兴的浪漫派的神经。浪漫派作家借助于富含传统的神话来构建国家认同。他们误以为这个素材在1801年之前已经是德国传说的一部分，并以此为出发点创作了大量作品。海涅1824年发表诗作《罗蕾莱之歌》时，这个形象的特征固定了下来：她坐在岩石上梳着金色的头发，唱着歌，等待着她那伟大而淡漠的爱情。过路的船只被歌声吸引，触礁沉没，撞得粉身碎骨。1837年弗里德里希·西尔歇尔（Friedrich Silcher）为海涅的诗谱曲之后，

《罗蕾莱之歌》在歌唱协会的繁荣发展中大受欢迎。由蒸汽船带动的莱茵河旅游业以此找到了卖点,也开发了纪念品和当地葡萄酒市场。在政治上,作为"莱茵河上的守护女神"的罗蕾莱被用来对抗法国,继阿米尼乌斯和日耳曼尼亚[1](Germania)之后成为德国的国家象征。随着海涅因"犹太裔"身份而遭受纳粹排斥,罗蕾莱在1945年之后,作为德国统一的守护女神和受污染的莱茵河的象征被赋予新的意义。那块岩石现在是德国最受欢迎的远足地点之一。

---

1 历史上象征德意志帝国的妇女形象。

尤斯图斯·李比希

Justus Liebig，1803.5.12—1873.4.18，生于达姆施塔特，卒于慕尼黑，化学家

19世纪末，德国在年轻且蓬勃发展的化学工业上处于世界领先地位，这离不开尤斯图斯·李比希的发现，他对化学做出了巨大贡献——1840年出版的划时代著作《有机化学在农业和生理学中的应用》(*Die organische Chemie in ihrer Anwendung auf Agrikultur und Physiologie*) 开创了有机化学这门学科。简而言之，没有李比希，就没有化肥、发酵粉、银镜、浓缩肉汁和关于化学物质构成的知识。他的发现在自然科学世界意义重大。1818年，李比希高中毕业，紧接着中断了药剂师学徒生活，转而于1819年考入波恩大学，修习化学专业，两年后获得了去巴黎的奖学金，继续研究雷酸汞。1824年他迎来了人生的转折点：他获得在科学院宣读论文的资格，在场的亚历山大·冯·洪堡向黑森大公路德维希一世（Ludwig I.）提议，将这个年轻的科学家提拔为教授。1852年，李比希离开吉森，去了慕尼黑。他改革了大学的化学教育，注重让学生做实验，这是一个新时代的开端。李比希被誉为"公众化学家"，他离开象牙塔，在报纸上发表《化学通信》(*Chemische Briefe*)，向大众普及作为科学和职业的化学。

罗伯特·布鲁姆

Robert Blum，1807.11.10—1848.11.9，生于科隆，卒于维也纳（奥地利），政治家、政论家

维也纳，1848年11月9日：罗伯特·布鲁姆被奥地利军队处决。和欧洲各地一样，奥地利人民也在为民主而战，所以布鲁姆身边的圣保罗大教堂国民议会成员向他们转交了一封声援公告。布鲁姆认为，维也纳民主人士的胜利也会有力地支持德意志土地上的第一个民主议会。他怀着激动的心情沉迷于民主事业，与他们并肩奋斗，因此在皇帝的军队获胜后他被判处死刑。德意志邦联的社会解放运动也失去了他们最著名的人物之一：作为政论家的布鲁姆从19世纪30年代起发表关于社会底层民众的政治教育的文章和著作。他认为，底层民众应该变得成熟，能采用政治手段解决自己的问题。布鲁姆在莱比锡剧院谋生，在那里与志同道合的人建立了四通八达的人际关系网，在整个德意志邦联中都很出名。布鲁姆被推选为温和民主人士的代表，他们希望和平建立民主议会共和国，与邦联中各国君主达成一致。他凭借其威望，作为天才演讲家、温和派的议会党团代表和从一开始就很有经验的实干家影响着国民议会。所以11月9日不仅是水晶之夜和柏林墙倒塌的纪念日，也是德国历史上第一个伟大的民主人士的纪念日。

理查德·瓦格纳

Richard Wagner，1813.5.22—1883.2.13，生于莱比锡，卒于威尼斯（意大利），作曲家、诗人

鲜少有艺术家会如此分裂：理查德·瓦格纳于1848年至1849年在德累斯顿为一个更公平的社会而奋斗，之后被极端保守主义群体吸纳，成为德国民族主义最著名的象征之一。他一方面是最高产的作曲家李斯特（Franz Liszt）的女婿，另一方面又是受欢迎的反犹主义者张伯伦（Houston Stewart Chamberlain）的岳父。巴枯宁[1]（Michail Alexandrowitsch Bakunin）、费尔巴哈[2]（Ludwig Andreas Feuerbach）、叔本华[3]（Arthur Schopenhauer）——瓦格纳与各种人和思想流派广泛来往，很难给他下个定论。他的音乐倒是毫无争议地具有革命性：他摒弃了作曲技巧转向主题变形。他摆脱了固定的旋律束缚，而根据人物的个性，谱写个人的主题旋律。这个主题旋律在全曲中很明显，能让人记住，以此来讲一个故事。在歌剧《特里斯坦与伊索

---

[1] 巴枯宁，俄罗斯早期无产阶级革命者，著名无政府主义者。
[2] 费尔巴哈，德国旧唯物主义哲学家。
[3] 叔本华，德国著名哲学家，是哲学史上第一个公开反对理性主义哲学的人，并开创了非理性主义哲学的先河，也是唯意志论的创始人和主要代表之一。

尔德》(Tristan und Isolde)中,瓦格纳舍弃了一条支线的情节,专注于主角的内心,这一点也很新颖。他主要从中世纪和德国浪漫派中取材,使森林、河流、莱茵河和瓦尔特堡[1]升华为德国的自我认知与外界对德国的认识的象征。不过瓦格纳也深刻地批判了社会:他将艺术视为一种手段,拥护无政府主义的乌托邦,强烈反对民族主义。将人类团结在一起的应该是共同的文化和神话,而不是独裁国家。可在这一背景下如何阐释瓦格纳的反犹主义思想呢?他始终是矛盾的。

---

[1] 瓦尔特堡,世界遗产,位于德国图林根州爱森纳赫市城西的小山上,为中世纪罗曼式建筑。马丁·路德在此把《圣经》翻译成德语。

奥托·冯·俾斯麦

Otto Fürst von Bismarck，1815.4.1—1898.7.30，生于申豪森庄园，卒于汉堡附近的弗里德里希斯鲁庄园，政治家

在俾斯麦辅佐之下当皇帝一点也不容易，威廉一世肯定也这么叹息过。这个在1871年建立德意志帝国的人出身于阿尔特马克的贵族家庭，在哥廷根大学学习法律专业，1847年在联合邦议会会议及之后在普鲁士下议院以极右翼保守主义获得声望。在1859—1862年间，他先是出任驻俄大使，后短期任驻法大使，再后来成为普鲁士首相，出面解决因获议会多数席位的资产阶级自由派驳回财政拨款而造成的宪法冲突。[1]由于普鲁士在战争中获胜，当时很多人认为违宪是"可宽恕的罪过"。在1864年的普丹战争和1866年的普奥战争后，北德意志邦联（der Norddeutsche Bund）成立。经过1870年至1871年的普法战争，在"铁血政策"（Eisen und Blut）下，德意志帝国宣告成立，俾斯麦任宰相。思想家、自由主义者邦森（Georg von Bunsen）

---

[1] 1862年在普鲁士议会新一轮选举中，自由派取得了绝对胜利，马上否决了普鲁士政府的对军事改革的全部拨款，政府和议会陷入了僵局。威廉一世只能召回俾斯麦来调解矛盾。俾斯麦在未能成功处理争端的情况下通过发动对外战争来转移视线。

不认同俾斯麦的观点,他在1887年控诉说:"俾斯麦使德国强大,却使德意志人弱小。"俾斯麦用"帝国公敌系统"(System der Reichsfeinde)压制议会和党派:"帝国公敌"首先是天主教徒(文化斗争[1]),其次是社民党人[《反社会主义非常法》(*Sozialistengesetz*)]。但是德意志帝国同时也颁布了一部相对进步的宪法,成为社会政策上的标准。俾斯麦的对外政策最明显的特征是拉拢同盟,孤立法国:通过吞并阿尔萨斯-洛林地区让法国的对手确认,可以用一种完美的、他的继任者很难掌握的体系来平衡大国间的关系。俾斯麦死后被神话为"铁血宰相"(Eiserner Kanzler),从德国各地数不清的俾斯麦纪念雕像可见一斑。

---

[1] 文化斗争指1871—1887年德意志帝国俾斯麦政府与天主教会及其代表中央党的斗争。文化斗争虽有反对分离主义势力的积极方面,但其主要目的是吸引工人和民主派去注意反教权势力的斗争,而忽略革命和阶级斗争的迫切任务。

弗里德里希·威廉·赖夫艾森

Friedrich Wilhelm Raiffeisen，1818.3.30—1888.3.11，生于哈姆（锡根），卒于黑德斯多夫（新维德），地方政治家、合作社之父

赫尔曼·舒尔茨 – 德利奇

Hermann Schulze-Delitzsch，1808.8.29—1883.4.29，生于德利奇，卒于波茨坦，政治家、合作社之父

1876年，当赖夫艾森由于他的对手舒尔茨 – 德利奇在德意志帝国议会提出质疑，必须解散于1872年刚建立的合作社银行时，二人的竞争暂时达到了最低点。二人开发的是同一个项目：建设合作社。这些联合会试图通过吸纳存款和利息收入来赢利，用这些利润来支持经济社会项目。合作社银行为并不富裕的人提供贷款。消费者合作社保障某些特定商品，如食品和电的采购和生产。农民合作社可以为成员提供更便宜的住房。赖夫艾森由于父母穷困而没能受到更好的教育，之后与病魔做斗争。他从基督教仁爱的观念出发，留意到德意志帝国刚开始的工业化进程中的窘境：工业中心住房紧缺，报酬过低，工厂工人工作条件艰苦。作为法学家的舒尔茨 – 德利奇受到当时的自由主义

影响：只有当个人实现绝对的人身与财务自由，才会有真正的自由和相应的真正的民主。合作社的构想很成功，很快遍及全世界。两个总协会在1972年合并为德国合作社与赖夫艾森协会——德国会员人数最多的协会之一。

卡尔·马克思

Karl Marx，1818.5.5—1883.3.14，生于特里尔，卒于伦敦（英国），哲学家、政论家

弗里德里希·恩格斯

Friedrich Engels，1820.11.28—1895.8.5，生于巴门（伍珀塔尔），卒于伦敦（英国），企业家

卡尔·马克思早就揭露了19世纪中叶德国工业革命后工人急剧增长而带来的社会问题：工资被压榨，劳动保护和医疗保障不足，没有意外险和医疗保险，居住空间狭窄。马克思带着这些问题回溯到资本主义市场。用工市场供大于求导致雇主处于更强势的地位：不想在这样的条件下工作的人就滚出去，并不缺少什么工作都肯干的工人。富裕的工厂主之子恩格斯在英国受教育时发现了同样恶劣的情况，在1842年与马克思会晤后决定和他一起以发表评论的方式揭露这些问题。在1848年发表的《共产党宣言》（*Manifest der Kommunistischen Partei*）中，二人阐述了历史上的阶级斗争。正如农民被地主奴役一样，工人也在受企业主剥削。工人们必须团结起来，成立一个政党来对抗这个局面。在发出这样的呼吁后，马、恩引来了权贵的不

满，马克思于1849年被普鲁士驱逐出境。作为自由评论家的他流亡伦敦，家财散尽。恩格斯资助着这个朋友，使之能继续从事研究工作。

露易丝·奥托－彼得

Louise Otto-Peters,1819.3.26—1895.3.13,生于迈森,卒于莱比锡,女政治家、作家

露易丝·奥托－彼得继承的遗产使她能在父母早逝后过上自由、自学成才的作家生活。她在家乡萨克森多次遇到当时最鲜明的社会问题:审查与贫困。19世纪40年代初期她出版了首部批判社会的文集,1846年发表了长篇小说《城堡和工厂》(*Schloss und Fabrik*),其中对无产阶级困境的细节描写引人入胜。在为工人争取权益的同时,她对妇女权益的热情也迅速高涨。她在1848年批评萨克森的一个工人组织委员会里没有女性成员——当时的一大丑闻。成果还是有的,因为她还是被算在了讨论人员里。大革命时期,奥托－彼得于1849年创办了《妇女杂志》(*Frauen-Zeitschrift*),引起了国家机关的注意:审问、搜查、禁止出版一切关于女性的报刊。后者是奥托－彼得活动的明确成果——还有比这更好的衡量成功的方法吗? 1865年她与志同道合者一起举办了第一届德国妇女大会,成立了全德妇女联合会(Allgemeiner Deutscher Frauenverein)——最早的关于妇女教育的协会。1866年她发表了第二部重要的

著作《妇女应得权益》(*Das Recht der Frauen auf Erwerb*)。奥托-彼得建立了第一个有组织保障的妇女解放运动网,很快打破了父权制的束缚。

海因里希·谢里曼

Heinrich Schliemann,1822.1.6—1890.12.26,生于新布科,卒于那不勒斯(意大利),商人、考古学家

如果没有发掘古希腊的特洛伊(今土耳其捷夫菲基耶村以西)遗址,海因里希·谢里曼只是德国最成功的商人之一。这个语言天才靠1852年在美国西部淘金热时做生意,还有在克里米亚战争期间往俄国运弹药原料,把他第一份在荷兰一家商行获得的薪水翻了几番。1866年谢里曼积累了巨大的个人财富,退出了商界,去上大学,到他感兴趣的地方旅行。在1868年的希腊和君士坦丁堡之行中他陷入了荷马的世界,誓要找到特洛伊。他在旅行中结识的弗兰克·卡尔弗特[1](Frank Calvert)将希沙利克描述成他认为的特洛伊所在地,说服谢里曼1870年起在那里展开挖掘并出资支持。实际上,随着发掘的展开,总有新的发现,截至目前,专家认定,这的确与古代的特洛伊城有关。后来谢里曼在迈锡尼取得了重要的发现。不过他这个在考古界爆红的人一直没有获得学术上的认可。谢里曼促进了考

---

[1] 卡尔弗特,英国商人。

古学在德国的发展。他利用媒体吸睛的意识让考古学流行了起来,他的发掘深化了考古学家的理论。这对一个外行来说并不差。

康拉德·杜登

Konrad Duden，1829.1.3—1911.8.1，生于韦瑟尔-拉克豪森，卒于松讷贝格，教师、语文学家

在一个商标上建立了毕生的事业，获得声名，康拉德·杜登做到了。他的姓氏代表了德国正字法的标准工具书。杜登从教师的职业出发，想通过系统化和简化，让每个人都能学会德语，缩小学者和文盲间的鸿沟，从而建立起权威。泽德勒（Johann Heinrich Zedler）在他的《百科全书》（*Universal-Lexicon*，1741）、格林兄弟在《德语词典》（*Das Deutsche Wörterbuch*，1854）中也对这种权威的缺失表示过不满。杜登坚信，作为一个1871年起存在的德意志民族国家必须有自己的语言。他还很关注口语，所以1880年诞生了《德语全正体书写字典》（*Das Vollständige Orthographische Wörterbuch der deutschen Sprache*），这部字典从第9版起冠上了"杜登"的名字。1955年由教育和文化事务部长会议宣布这本字典对拼写有约束力。19世纪、20世纪之交民族主义机构提倡的"纯"德语影响了杜登，一百年后完全倒过来了：越来越多的英语词和新造词被引入德语。因此杜登编辑部选词也是社会发展的一个激动人

心的来源。1945年德国分裂为两个国家后有两个版本的杜登词典,1991年又合二为一。1996年的正字法改革也没有阻碍它的成就:"只有杜登一直是杜登。"

奥古斯特·倍倍尔

August Bebel,1840.2.22—1913.8.13,生于多伊茨(科隆),卒于帕苏格(瑞士),政治家

他是德国工人运动的先驱,在世时就被尊称为"倍倍尔皇帝"或"工人皇帝"。没人比他更适合代表社会民主运动,也没人像他那样获得民众的交口称赞。在他1913年去世前,社会民主党(SPD,以下简称"社民党")跃升为帝国议会中最强大的党派。倍倍尔提供了方向,因为他顺应了社会运动蓬勃发展的潮流:在结束了木工学徒生涯后他去了莱比锡,加入工商业教育协会,1864年拥有了自己的作坊,生意兴隆,还结识了威廉·李卜克内西[1](Wilhelm Liebknecht)。自由主义者没能实现手工业者和技术工人的诉求。倍倍尔感到很失望,转投社会主义思想,1869年在爱森纳赫参与创建了德国社民党。他很快就成为象征性人物,由于受社民党人士追随而多次被捕,在监狱里一共待了57个月。他由于错误的经验偏激地认为资本主义已经穷途末路,不过也写了具有划时代意义的著作《女性与社会

---

[1] 威廉·李卜克内西,德国工人运动和国际工人运动的著名活动家;德国社会民主党领袖,第二国际创始人之一。

主义》(*Die Frau und der Sozialismus*)。倍倍尔1892年起担任社民党的主席,他内心也有许多人都有的矛盾:他宣传制度的倒台,但和大部分工人一样为祖国感到骄傲;工人也为祖国的崛起做出了贡献,可他们却并不完全属于这个国家。

罗伯特·科赫

Robert Koch，1843.12.11—1910.5.27，生于克劳斯塔尔（哈尔茨），卒于巴登-巴登，细菌学家

罗伯特·科赫是现代病原细菌学的奠基人：他首次全面地解读了炭疽病的致病原因；将对伤口感染的研究提升到一个新高度；首创消毒灭菌的方法[1]；发现了霍乱和肺结核的病原体，并因后一项而获得1905年诺贝尔生理学或医学奖。他在成为执业医生之后，于1880年被召到柏林，任政府顾问和皇家卫生局正式成员。接下来他到世界各地去考察，率领霍乱调查委员会前往埃及和印度，之后去了爪哇、新几内亚和许多其他地区。这些经验帮助他在1892年有效控制了汉堡的霍乱疫情，这是霍乱在德国最后一次大暴发。医疗卫生条件的改善起了决定性作用：在汉堡的贫民区有很多人生活在狭小的地下室，那里会滋生传染病病菌。所以由科赫领衔的传染病研究所是当时最伟大的卫生政策成果之一。几年后科赫及其团队成功地在德国西南部阻止了伤寒病的蔓延。没有科赫，就没有现代病原细菌学。

---

1 此处指的是蒸汽灭菌法。

免疫接种也要追溯到他身上:他首先在南非通过人工主动为动物接种,避免了一场牛瘟。现在的血清疗法和化疗都以他的研究为基础。

威廉·康拉德·伦琴

Wilhelm Conrad Röntgen，1845.3.27—1923.2.10，生于雷姆沙伊德，卒于慕尼黑，物理学家

1864年，威廉·康拉德·伦琴在离他从小生活的地方不远的荷兰乌特勒支技术学校由于打架被开除。之后他去了苏黎世学机械制造专业，1870年获得博士学位，1873年在斯特拉斯堡取得教授资格。在几所大学向他伸出橄榄枝后，他接受了维尔茨堡大学的物理学教席。1895年他在那里由于一场意外而取得了重大突破：当伦琴在用当时大多数人都不知道的阴极射线做实验时，发觉放在阴极管附近的涂有发光物质的荧光纸开始发光。由于在被包住的放电管上也观察到了这一现象，一定是管子里一种当时不为人所知的射线穿透覆盖层造成的。伦琴自己给这种射线命名为"X射线"，这一发现一经公布就引起了轰动。人们发现了它越来越多的用处，首先是对物体和人体的透视性（如之后的机场和海关安检）。迷人的人体内脏图诞生了，20世纪30年代甚至还有喝咖啡的骷髅的微电影。伦琴的发现对医学特别有用，引发了一场诊断方式革命，因此他获得了1901年首届诺贝尔物理学奖。由于伦琴放弃了申请专利，这种技术得以快速全面推广。他之后只沉迷于工作，

也没怎么关心过个人声望，他拒绝了在威廉二世的皇宫做报告或在大型帝国机关任职，也没有获得更多的经济利益。所以他的学究气最终只留给他教授的退休金和X射线发现人的头衔：没有更少，但也没有更多。

玛格丽特·史黛芙

Margarete Steiff，1847.7.24—1909.5.9，生于布伦茨河畔京根，卒于布伦茨河畔京根，企业家

长期以来，人们并不知道19世纪曾经有一批成功的女企业家。著名国民经济学家和社会学家维尔纳·桑巴特（Werner Sombart）在1909年这样写道："资本主义的企业家天生就是男人（而不是女人！），他们首先具有非凡的活力。"玛格丽特·史黛芙18个月时得了小儿麻痹，终生只能在轮椅上度过。身体残疾使她不能像寻常的城市女性那样当家庭主妇和母亲。她违背了父亲的意愿，于1863年完成了缝纫女工的职业培训，1877年创办了举世闻名的公司，开始是制作毛绒小象，很快又加上了猫咪和小狗。毛绒玩具在当时是很特别的东西。"给孩子的只能是最好的东西"，这是史黛芙的座右铭。1892年，当时只有14个人的公司发布了第一份史黛芙产品目录。她兄弟弗里茨的五个儿子的加入壮大了这个迅速发展的家族企业。1901年，他们向美国出口了第一件玩具，两年后取得了国际性的突破：史黛芙在莱比锡国际玩具博览会上推出了一只毛绒小熊，一个感兴趣的美国代表一口气买了3000只。1906年起，这只小熊有了自己的名字：第26任美国总统西奥多·罗斯

福（Theodore Roosevelt）的绰号"泰迪"（Teddy）。工厂在一年内制作了近百万只小熊。到史黛芙因肺炎去世时，公司共有400多名员工和1400名在家工作的女工。一件消费品带来了巨大的成功，发明新式咖啡过滤器的梅利塔·本茨（Melitta Bentz）及罐头厂女厂主夏洛特·埃拉斯米（Charlotte Erasmi）也是如此。她们都是成功的女企业家，按桑巴特的说法就是根本不存在的那些人。

保罗·冯·兴登堡

Paul von Hindenburg, 1847.10.2—1934.8.2，生于波森（今波兰波兹南），卒于诺伊德克（今波兰奥格罗杰涅茨），军人、政治家

兴登堡早在一战之前就凭在部队和总参谋部的辉煌战绩退役，所以他并没有预见到自己在1914年会被起用。他人生的最后20年在历史上的重要性超过了前面的67年。当东线前方情况不妙时，他被传召上阵。在1914年8月底的坦能堡会战中让俄国军队遭受毁灭性打击后，他成为德国永不言败精神的象征。兴登堡神话拉开了帷幕。由于皇帝领导无力，兴登堡和埃里希·鲁登道夫（Erich Ludendorff）领导下的最高陆军指挥部（die Oberste Heeresleitung, OHL）1917年起取得实权。中央决定权不再由政府层面，而是由这里掌握。1918年春季的进攻战失败后，最高陆军指挥部要求帝国议会化。兴登堡认为，"谁惹的麻烦，谁来收拾残局"——后来采用了"背后一剑"（Dolchstoßlegende）这种说法[1]，这是灾难性的篡改历史，即通过"军队在战场

---

[1] 背后一剑，第一次世界大战后出现的一种谬论，认为德国战败是由于"后方的背叛"即革命等因素所致。

上保持不败"的说辞,转移了军队指挥的错误。这个有威信的独裁者在1925年艾伯特(Friedrich Ebert)去世后当选为总统,证明了民主人士的懦弱。1932年他们为了阻止希特勒又推举兴登堡。这让兴登堡发觉,一群虚伪的人选了他。1933年1月30日,他任命希特勒为总理。

奥托·李林塔尔

Otto Lilienthal，1848.5.23—1896.8.10，生于安克拉姆，卒于柏林，工程师

航空领域最著名的先驱、机械师奥托·李林塔尔从德法战场回来后开始尝试造飞行器。他没有像其他人那样把精力放在气球上，而是模仿大型猛禽轻而易举的滑翔和降落动作，想揭开其中的机械原理。他的书《鸟类飞行——航空的基础》(*Der Vogelflug als Grundlage der Fliegekunst*，1889) 是19世纪最重要的航空技术出版物。1890年起李林塔尔将自己的理论知识转化为实践，自己制造了18种不同的滑翔器，翼展达25米，高达6米。他越来越敢冒险，堆了一座15米高的土坡作为起飞台。1893年他借助风力飞行了250米，很快又用双翼飞机飞行了400米。在德国的机械师们潜心研发飞艇时，怀特兄弟于1901年驾驶着滑翔机取得了重大突破。威尔伯·怀特（Wilbur Wright）知道（飞机的发明）应该归功于谁："李林塔尔不仅在思考，他还在实践。他对解决人类如何能飞行的问题做出了最大的个人贡献。"在古希腊神话中伊卡洛斯从天上掉了下来，因为他飞得离太阳太近，阳光的热度熔掉了翅膀上的蜡。1896年李林塔尔因为一阵风从15米的高空坠落，第二天就去世了。

贝尔塔·本茨

Bertha Benz,1849.5.3—1944.5.5,生于普福尔茨海姆,卒于拉登堡,工程师

卡尔·本茨

Carl Benz,1844.11.25—1929.4.4,生于米尔堡(卡尔斯鲁厄),卒于拉登堡,工程师

贝尔塔·本茨如何帮助她的丈夫卡尔成名的故事堪称一段佳话。第一台汽车发动机研制成功后在潜在买家那里受挫,没有引起他们的兴趣,这在今天看来难以置信,也让沉迷于自己创意的工程师受到了沉重打击。1888年,贝尔塔在卡尔并不知情的情况下,带着他们的两个儿子从曼海姆开车到普福尔茨海姆,完成了汽车史上第一次长途旅行。她想以此向对她丈夫的发明提出质疑的人证明新交通工具的性能。除了这次汽车发动机性能的演示外,卡尔的第一家公司也是在1871年靠贝尔塔的嫁妆维持下来的。早在上大学期间,卡尔就萌生了发明一种不靠马匹,像火车在铁轨上运行那样在无轨的道路上行驶的交通工具的想法。于是他开始设计燃气发动机,其间改造

了没有专利的奥托发动机[1]（Otto-Motor），设计了一种三轮摩托车，1886年为之申请了专利。这是一项天才的发明，但由于驾驶时并不舒适而无人问津。卡尔经过多年的改进，把三轮汽车改成了四轮汽车，发明了转向节转向机构（Achsschenkellenkung），与也在研制发动机的戈特利布·戴姆勒（Gottlieb Daimler）合作，最终两个公司于1926年合并成"戴姆勒–奔驰股份公司"（Daimler-Benz AG），形成了今日汽车巨头的早期规模。

---

1 奥托发动机，即四冲程内燃机。

弗里德里希·阿尔弗雷德·克虏伯

Friedrich Alfred Krupp,1854.2.17—1902.11.22,生于埃森,卒于埃森,企业家

这是德国重工业和冒烟的烟囱的时代:铁路建设,首先是无焊接的实心轮胎和军备,特别是铸钢标准,建立了当时世界上最大的钢铁公司的名望。克虏伯是德国最著名的商业家族之一。在弗里德里希·阿尔弗雷德的领导(1887—1902)下,由他祖父(弗里德里希)和父亲(阿尔弗雷德)创建的公司规模得以扩大,员工人数翻倍到45000人,营业额从420亿帝国马克上升为1010亿帝国马克。19世纪下半叶的社会政治运动是空前的,这些运动当然不是无私的,而是为了满足自己的需要:生病的工人可以不工作,不满者可以罢工。1872年阿尔弗雷德·克虏伯颁布了《总则》(*Generalregulativ*),他年轻的儿子也参与了起草文件。"甜面包与鞭子"(Zuckerbrot und Peitsche)是这个家族长对工人的整体策略。广泛的权利和社会福利、超过平均水平的工资、建立阿尔滕霍芬小区给公司员工免费居住,这是一方面。而另一方面,员工要履行严苛的义务,既不能参加工会组织,也不能参与政治事务。克虏伯和威廉二

世成了好朋友，应其要求加入了帝国议会，强烈支持他的海军战略，这给"德意志帝国的武器制造厂"带来了大量订单。

海因里希·赫兹

Heinrich Hertz,1857.2.22—1894.1.1,生于汉堡,卒于波恩,物理学家

如果没有他,就没有无线电报、收音机、电视机、手机、网络。简而言之,没有海因里希·赫兹,世界的面貌会完全不同。1886年,他在卡尔斯鲁厄理工学院用实验证明了电磁波的存在,苏格兰人麦克斯韦(James Clerk Maxwell)在40年前只是用数学运算预言了它的存在。赫兹观察到,当他让相对放置、有电压的两个铜棒放电时,远处的开放式感应线圈也有火花产生。某个看不见的物质将能量从一端(发出方)传递到另一端(接收方),麦克斯韦计算出来的电磁波被发现了。电磁波使接收方产生电流,可以驱动仪器。不过电磁波在技术上的应用和动力学上的进一步发展是由别人来完成的。赫兹由于很早就因败血症去世,只来得及证明电磁波的基本属性,如偏转和反射。马可尼[1](Guglielmo Marconi)和费迪南德·布劳恩[2](Ferdinand Braun)等人发明了给全世界带来全新的通信

---

[1] 马可尼,意大利无线电工程师、企业家、实用无线电报通信的创始人。
[2] 布劳恩,德国物理学家,1909年诺贝尔物理学奖获得者,阴极射线管的发明者。

基础、增进联系的东西。不过赫兹凭借他的影响与自己的老师共同跻身德国一流物理学家之列：如对自然科学多个领域感兴趣的赫尔姆霍兹[1]（Hermann Ludwig Ferdinand von Helmholtz）和电气工程学之父基尔霍夫[2]（Gustav Robert Kirchhoff），热辐射定律就是以后者的名字命名的。

---

[1] 赫尔姆霍兹，德国生理学家和物理学家，对光学、声学等多个领域都有贡献。
[2] 基尔霍夫，德国物理学家，提出了稳恒电路网络中电流、电压、电阻关系的两条电路定律，即著名的基尔霍夫电流定律（KCL）和基尔霍夫电压定律（KVL），解决了电器设计中电路方面的难题。

克拉拉·蔡特金

Clara Zetkin,1857.7.5—1933.6.20,生于萨克森州维德劳,卒于阿尔汉格尔斯克(俄罗斯),女政治家

"女性的政治和社会权益最终必须与其作为生产力的经济意义相一致。"这句纲领性的口号出自克拉拉·蔡特金之口。当时是1889年,她刚在第一共产国际的成立大会上发表了一次意义深远的关于妇女解放的演说。女性不应该再受男性压迫,必须为自己的权益而斗争。蔡特金认为,这要以了解政治杠杆,即妇女受教育为前提。因此她在社会主义群体,特别是德国社民党中施压,要求让这些议题在党内和作为总体纲领更受重视。为了实现这一目的,她在1892年创办了杂志《平等》(*Die Gleichheit*)。她被推举为无产阶级妇女运动的代表,1910年在第二次国际社会主义妇女代表大会上提议建立国际妇女节,至今人们仍在过这个节日。1919年她加入了新成立的德国共产党,从1920年到希特勒夺取政权之时为止是国会里为数不多的女议员之一,她提出的主要以斯大林(Stalin)为导向的政策极具争议。她还是首位在符腾堡州制宪大会上发言的女性。蔡特金和格特鲁德·博伊姆尔[1](Gertrud Bäumer)、露易丝·齐

---

[1] 格特鲁德·博伊姆尔,德国法学家和政治家。

茨[1]（Luise Zietz）都是活跃在政坛上的女性。她在本文开头的那句关于经济政治的论断直到目前仍未过时。

---

[1] 露易丝·齐茨，德国政治家，与蔡特金共同提出设立国际妇女节的动议。

马克斯·普朗克

Max Planck,1858.4.23—1947.10.4,生于基尔,卒于哥廷根,物理学家

德国国内领先的高校外基础研究机构以他的名字命名:1948年马克斯·普朗克科学促进协会(Max-Planck-Gesellschaft zur Förderung der Wissenschaften)成立,其前身是威廉皇家学会(Kaiser-Wilhelm-Gesellschaft)。协会由80多个享有国际声望的马克斯·普朗克研究所组成。普朗克在一个我们认为物理学已经都被研究过了的时代,以他的量子假说彻底变革了这一学科。1900年12月14日,这位在柏林工作的教授向德国物理学会阐述了他的辐射公式 $E=hV$,这就是量子物理学诞生的时刻。物质辐射(或吸收)的能量(E)不是连续地,而是只能一份份地进行,其数值与辐射频率成比例。普朗克认为,能量是由一份一份不可分割最小能量值组成的。被称为普朗克常数的基本作用量子(h)与经典物理学相悖。在经典物理学看来,自然是不会有突变的。接下来,爱因斯坦(Albert Einstein)、玻尔[1]

---

[1] 玻尔,丹麦物理学家,1922年诺贝尔物理学奖获得者,提出原子辐射理论。

(Niels Bohr)和沃纳·海森堡[1](Werner Heisenberg)认识到普朗克关于能量量子化假设的巨大影响，它是理解原子结构的关键。1918年普朗克被授予诺贝尔物理学奖，恰好在这一年，他的思想所植根的和在一战时精神上支持过的德意志帝国战败了。这位德国物理学界的最高权威无法理解魏玛共和国，他起初是向第三帝国妥协的，但作为精英阶层的一员，他渐渐地在心里对纳粹政府产生了距离。他的儿子是1944年7月20日七月密谋[2]的同党，1945年1月被送上绞刑架。

---

[1] 沃纳·海森堡，德国物理学家，量子力学的主要创始人，1932年获诺贝尔物理学奖。
[2] 七月密谋是一次企图刺杀阿道夫·希特勒而发动政变的行动。于1944年7月20日由一班德国国防军军官和另外一些人展开行动。政变的主谋是克劳斯·冯·斯陶芬贝格上校。普朗克的儿子埃尔温与卡尔·格德勒领导的保守抵抗组织有接触，该组织将他的名字列入未来的内阁成员名单。

威廉二世

Wilhelm Ⅱ., 1859.1.27—1941.6.4, 生于柏林, 卒于多伦（荷兰）, 皇帝

由于腓特烈三世（Friedrich Ⅲ.）登基99天就去世了, 这位德国皇帝和普鲁士国王在1888年年仅29岁时加冕。他很快就和俾斯麦起了冲突。皇帝想要独揽大权［个人统治（persönliches Regiment）］, 而老宰相还不想还政。在关于延长《反社会主义非常法》的争执中, 威廉二世表示强烈反对, 导致俾斯麦被解职。威廉二世有自恋型人格, 历史学家推测可能和他的身体残疾有关系（他出生时左臂畸形）。他的英国外祖母维多利亚女王把他看作"一个性急、自命不凡、脑子不太正常的年轻人"。威廉二世情绪不稳定, 容易冲动, 但他有使命感, 想让国家前程远大（Platz an der Sonne, 字面意为"在阳光下的位置"）。他发展舰队, 追求国际政治。1914年七月危机[1]（Julikrise）爆发, 他被边缘化, 在战争中被最高陆军指挥部夺权。战争结束后他开始流亡, 于1918年11月28日退位, 在荷兰的多伦了此残

---

[1] 1914年6月28日, 奥匈帝国皇位继承人斐迪南大公夫妇被塞尔维亚民族主义者普林西普枪杀, 史称"萨拉热窝事件"。这次事件导致7月28日奥匈帝国向塞尔维亚宣战, 成为了第一次世界大战的导火索。

生。他很支持纳粹政权,但纳粹却不怎么理会他。威廉是德国历史由俾斯麦时期过渡到兴登堡时期的关键人物,但是真正掌握帝国权力的精英来自最高陆军指挥部、经济利益集团和民族主义宣传组织。

罗伯特·博世

Robert Bosch，1861.9.23—1942.3.12，生于阿尔贝克（乌尔姆），卒于斯图加特，企业家

"有良心的企业家"和"民主的自由思想家"只是对他众多描述中的其中两个。罗伯特·博世出身于一个富农家庭，在12个孩子中排行倒数第二。在服完兵役和当过精密机械工人学徒后，他在国内外领先的电力公司，如美国的爱迪生联合电气公司，工作了几年。1886年，他凭借有限的资本和两个雇员在斯图加特开了一家精密机械和电气工程车间（Werkstätte für Feintechnik und Elektrotechnik），日后发展成了世界巨头企业。1887年，他对内燃机火花塞设备做了改进，后来又把这种火花塞安装在汽车发动机上，解决了刚起步不久的汽车技术中最大的难题，实现了重大突破。20世纪20年代起，随着起动器、发电机和汽车上的喇叭的发明，冰箱、收音机和电动工具相继出现。博世对社会活动的热衷体现在当时人们对他的美誉"红色博世"（Der rote Bosch）上。1906年他引入8小时工作制，很快又提出周六下午不上班和带薪休假。他还是杰出的捐助者：他捐了上百万马克用于公益事业，犹太人对德意志民族的谅解对他来说非常重要。博世的企业在为纳粹德国国防军

生产军备中获利丰厚,在战争中参与了剥削强制性劳工;另一方面他又与反对希特勒的势力来往甚密,救助被纳粹追捕的受迫害的人。他最终算不算悲剧人物呢?

凯绥·珂勒惠支

Käthe Kollwitz，1867.7.8—1945.4.22，生于哥尼斯堡（今俄罗斯加里宁格勒），卒于莫里茨堡（德累斯顿），女艺术家

1897年之前，珂勒惠支一直在把霍普特曼[1]（Gerhart Hauptmann）的著名戏剧《织工》（*Weber*）改成版画，这让她得到两位"画家之王"（Malerfürst）——阿道夫·门采尔[2]（Adolph Menzel）和一直资助她的马克斯·李卜曼[3]（Max Liebermann）——的认可。由于当时不允许女性进入艺术学院，她只能在柏林女艺术家和艺术爱好者协会的绘画学校学习技艺，很快将绘画工具从硬笔（钢笔）转为软笔（炭笔）。一战期间为庆祝她的50岁生日，德国举办了多场她的作品展，她也于1919年成为第一位被普鲁士皇家艺术学院（die Preußische Akademie der Künste）接纳的女性。珂勒惠支的儿子在战场上牺牲，所以痛苦与哀伤、孤独与怀疑成为她艺术创作的核心主题。1937年起，只能私下创作的她制作了雕塑《哀悼基督》（*Pieta/ Mutter mit*

---

[1] 霍普特曼，德国剧作家、小说家，自然主义代表，诺贝尔文学奖获得者。
[2] 阿道夫·门采尔，德国著名的插图画家，曾获当时普鲁士王国的最高荣誉"黑鹰勋章"，并获封贵族。
[3] 马克斯·李卜曼，德国油画家、铜版画家。

totem Sohn),该作品放大后的复制品现在安放在柏林的新卫兵室(Neue Wache),即德意志联邦共和国战争与暴政牺牲者纪念馆(die zentrale Gedenkstätte Deutschlands für die Opfer von Krieg und Gewaltherrschaft)。民主德国统一社会党(Sozislistische Einheitspartei Deutschlands,SED)将珂勒惠支视为社会主义现实主义的先驱,而她已不能为自己辩驳。朋友们赞扬她的善良与人性化。她以人类的日常悲剧作为主题的批判社会的艺术和高尚的艺德在联邦德国也广受赞誉。所以珂勒惠支是全德国都认同的人物。

雨果·埃克纳

Hugo Eckener，1868.8.10—1954.8.14，生于弗伦斯堡，卒于腓特烈港，企业家

雨果·埃克纳是当时最著名、在国外最受欢迎的德国人，他的名字和那时最具吸引力的科技产物联系在一起：齐柏林飞艇。1909年起他成为德国飞艇制造厂（die Deutsche Luftschifffahrts-AG）厂长，用天空中的庞然大物彻底改变了空中交通。他与创造者齐柏林伯爵（Ferdinand von Zeppelin）一起改进了飞艇的技术，在他的主持下最著名的几艘齐柏林飞艇诞生了："齐柏林伯爵号"、为美军建造的"洛杉矶号"、1937年在美国莱克赫斯特登陆时着火的"兴登堡号"等。到那时为止，埃克纳承接着世界上首批日常航空业务，通过到南美洲或北极的长途飞行证明德国飞艇的优质性能。他的人气很高，如果兴登堡不参选的话，1932年他会成为帝国总统候选人，希特勒的对手。1938年美国禁止向德国出口氦气，这是有针对性地对纳粹德国的齐柏林飞艇技术进行的打击。因为这样只能采用易燃的氢气，而在"兴登堡号"空难后人们不再信任飞艇。埃克纳决定退休，停止客运服务，这也意味着齐柏林飞艇被飞机所取代。

弗里德里希·艾伯特

Friedrich Ebert，1871.2.4—1925.2.28，生于海德堡，卒于柏林，政治家

从一个技工到国家元首——弗里德里希·艾伯特，一个裁缝的儿子，经历了这个美国梦的德国版本。他在海德堡附近完成了马鞍匠学徒生涯，然后在国内漫游。在旅行途中他看到了工人阶级的困难，这促使他于1891年在不来梅定居。他在那里表现出了对政治的极大兴趣，成为报纸编辑，经营酒馆，帮助工人解决生病时不发工资等典型问题，接手工人秘书处，被选入州议会，凭借这些功绩让社民党的领导层注意到了他，而他早在1889年左右就加入了社民党。艾伯特在当选帝国议会议员一年后，于1913年倍倍尔去世后成为他的继任者，并曾与另一个人一同担任社民党的党团主席。一战时期他主张城堡和平政策[1]（die Burgfriedenspolitik），战争结束后他作为议会党团最有实力的代表，接替马克斯·冯·巴登（Max von Baden）任帝国首相，在人民代表议会（der Rat der Volksbeauftragten）中

---

[1] 城堡和平政策，是指在第一次世界大战期间缓和德意志帝国的内政与经济矛盾的政策。

实行从君主专制到民主议会制的改造。1919年艾伯特被选为魏玛共和国（Weimarer Republik）的总统，这样他就成为了德国第一个完全民主政体的首任国家元首。他必须主持有争议的过渡阶段，包括用武力镇压极端组织。艾伯特个人饱受针对他的抹黑策略之苦，这种策略在1924年达到顶峰，艾伯特竟然允许自己作为国家元首在马格德堡审判[1]（Magdeburger Prozess）中被指责为"祖国的叛徒"。他死于盲肠炎，由于工作太忙而将手术一拖再拖，耽误了治疗。

---

[1] 1924年底艾伯特镇压了共产党起义，而使反动势力抬头，资产阶级右翼因他早年参加了1918年1月柏林五金工人罢工而污蔑他为卖国贼，并在马格德堡法院对他进行审判，艾伯特也出庭受审。

罗莎·卢森堡

Rosa Luxemburg,1871.3.5—1919.1.15,生于扎莫希奇〔波兰〕,卒于柏林,女政治家

罗莎·卢森堡在苏黎世拿到博士学位,1898年回到柏林后,立即加入了德国社民党,作为政论家积极投身于工人解放运动当中,凭借《国民经济学导论》(*Einführung in die Nationalökonomie*)、《资本积累论》(*Die Akkumulation des Kapitals*)等论著成为重要的社会主义理论策划人。她还与列宁(Lenin)辩论过,不同意他的观点。她认为人类不需要严厉和靠暴力管理的党组织,他们可以很容易地通过教育来进行自我管理。她和列宁的区别可以从她那句著名的引言看出来:"自由永远是持不同意见的人的自由。"她从一战起就被剥夺了这种自由。她呼吁反战,所以战争中几乎一直在坐牢。她和卡尔·李卜克内西[1](Karl Liebknecht)等志同道合者完全反对战争贷款。这个群体因此反对社民党的大多数成员,自己独立出来,于1918年成立了德国共产党。卢森堡希望通过议会手段实现其

---

[1] 卡尔·李卜克内西,德国马克思主义政治家、律师,德国社民党左派著名人物,曾积极参加并领导了1918年德国十一月革命,参与德国共产党的成立。其父为德国工人运动和国际工人运动的著名活动家威廉·李卜克内西。

目的，在这里她只能屈服于李卜克内西代表的大多数人，他们想继续走武装革命的道路，并想在斯巴达克起义[1]（Spartakusaufstand）中建立苏维埃共和国。在起义遭到镇压后，卢森堡与李卜克内西被捕，被警察满怀恨意地杀害。卢森堡的尸体被随意地投入护城河，5月31日才被人发现。这个悲伤的结局摧毁了一个大有前途的未来，她本来可以在备受争议的魏玛共和国中发挥更大的作用。

---

1 斯巴达克起义，又称一月起义。起因是1919年1月4日，艾伯特政府宣布解除在群众中颇有威望的独立社会民主党人埃喜荷恩的柏林警察总监的职务，引发柏林工人举行示威游行。共产党人和社民党人组成革命委员会，号召工人起来推翻艾伯特政府。社民党人倾向于与政府谈判，给了政府缓冲时间，最终导致起义失败。

托马斯·曼

Thomas Mann，1875.6.6—1955.8.12，生于吕贝克，卒于苏黎世（瑞士），文学家

克劳斯·曼[1]（Klaus Mann）将写作称为"家族的诅咒"。这个家族的大部分成员都从事写作，风格各异：父亲托马斯·曼1929年因其长篇巨著《布登勃洛克一家》（*Die Buddenbrooks*）获得诺贝尔文学奖，他对自己取得的成绩和风格充满自信，自恋地炫耀自己"歌德的继任者"的形象；伯父亨利希·曼（Heinrich Mann）以《臣仆》（*Der Untertan*）等批判政府的作品和对社会政策的影射被塑造为魏玛共和国的精神之父。在亨利希和托马斯兄弟二人身上，从他们父亲那里继承的资产阶级工作纪律与伟大的创造力——一种不可抑制的创造力——相辅相成。在一战时他们因为君主制还是共和制而分道扬镳，这样在家族里也牵扯到德国历史：兄弟俩开始的主题集中在批判德意志帝国，在一战时二人意见相左，魏玛共和国时期又言归于好。曼家族的成员，如克劳斯的兄弟姐妹艾丽卡、戈洛、莫妮卡、伊丽莎白和米夏埃尔一致反对希特勒，试图从一群野

---

[1] 克劳斯·曼，托马斯·曼之子，德国作家。

蛮的德国人手中拯救德国文化。他们还受到市民教育和正直的价值观影响，不过这时也有潜在的矛盾：在乐观的亨利希·曼娶了一个陪酒小姐，克劳斯·曼公开了自己的同性恋倾向并放纵自己吸毒时，托马斯·曼却极度自律，压抑自己的性取向，逼迫自己过正常的生活。所以不断公开的个人档案表明，这个家族内部关系紧张，这并不足为奇。难道是"诅咒"的结果吗？

斐迪南·绍尔布鲁赫

Ferdinand Sauerbruch,1875.7.3—1951.7.2,生于巴门(伍珀塔尔),卒于柏林,外科医生

20世纪诞生了许多优秀的外科医生,在上半叶,绍尔布鲁赫是最出色的。现在看来较平常的事情在当时是个大问题:人们如何才能在避免空气聚集到胸膜腔,抵消那里的负压,导致肺部萎缩,进而导致病人死亡的前提下做开胸手术?绍尔布鲁赫尝试用精准的技术在低压室做胸部手术,获得了国际声誉。他先是在马尔堡工作,1910年任苏黎世大学医院外科主任,1914年自愿服役,接管格赖夫斯瓦尔德和慕尼黑的诊所,1927年调入著名的柏林夏洛蒂医科大学(Berliner Charité),任外科主任至1949年。1931年,他首次完成了心脏动脉瘤的切除手术,这是心壁上的瘢痕,可能导致心壁隆起和破裂。这次手术让他更为出名。由于大批人因为战争致残,要求发展假体技术。绍尔布鲁赫研制出一种高效的假手["绍尔布鲁赫手"(Sauerbruchhand)]。纳粹时期他仍然是名人,政府试图吸纳他加入。即使自己不是纳粹党员,还为在政治和种族上受迫害的人说话,他也并没有拒绝。民主德国统一社会党免除了他在夏洛蒂医科大学的职务,他后来在柏林的英占区工作,直到去世。

康拉德·阿登纳

Konrad Adenauer，1876.1.5—1967.4.19，生于科隆，卒于巴特洪内夫，政治家

对刚成立不久的联邦德国而言，1949年发生了一件幸运的事情：已经73岁的阿登纳当选为它的首任总理。这迎合了战后德国人的心理。在德国人经历了过度意识形态化（Hyperideologisierung）、深深的失望、幻想彻底破灭和恐惧后，阿登纳起到了安抚作用。他让德国人慢慢习惯了一种想法——专制和民主可以协调一致，他本人也获得了信任。德国人将对阿登纳个人的信任延续到了国家身上。阿登纳留任到1963年，这段时间是"总理式民主"（Kanzlerdemokratie）的辉煌时代。阿登纳后来成为联邦德国的元老和最重要的总理这件事并不是命中注定的。他一开始只是活跃在地方上。1909年他成为科隆的副市长，1917年当上了市长，加入普鲁士贵族院。在纳粹政府将他解职后的1934年和暗杀希特勒的1944年政变后，阿登纳曾被短暂关押，不过还是顺利地熬过了第三帝国时期。1946年他成为超越宗教信仰的德国基督教民主联盟（CDU，以下简称"基民盟"）创始人之一，后当选议会委员会主席。由于联邦德国自成立外交部时起到1955年都没有专任的外

交部长，阿登纳便在此期间兼任了这一职务。在他看来，这是唯一能接触盟国高级专员的方法。阿登纳成为了身经百战的政治"老狐狸"，一方面是因为他的从容果决，另一方面在于他的累累功绩。他最大的功绩是使联邦德国最终"融入西方"（Westbindung）以及与法国一起建立欧共体。1963年的《爱丽舍条约》[1]（Elysée-Vertrag）是他总理生涯的巅峰，同年他在同党的压力下被迫辞职。

---

1 《爱丽舍条约》是1963年1月22日时任联邦德国总理阿登纳和法国总统戴高乐签署的德法合作条约。它成为了德法全面和解的象征，也为整个欧洲的一体化发展方向奠定了基础。

古斯塔夫·施特雷泽曼

Gustav Stresemann，1878.5.10—1929.10.3，生于柏林，卒于柏林，政治家

他曾是魏玛共和国最大的希望，除了他没人能使国家稳定。古斯塔夫·施特雷泽曼在一战期间还在谋求兼并别国，不过在1919年之后投身于维护国家稳定的政策中，这使他于1923年当上了共和国总理。在三个月总理任期内他组建了两任内阁——频繁的人员更替是年轻的共和国的一大特征。后来他担任了七届外交部长，直到去世。作为唯一不变的人选，他取得了在危机时期之后没人敢期待的成就。1923年，时任总理的他结束了在由于战争赔款问题而被占领的鲁尔区对比利时人和法国人代价高昂的消极抵抗[1]。他通过引入地产抵押马克[2]（Rentenmark）解决了通货膨胀。作为外交部长的施特雷泽曼试图亲近法国，因此与法国外长阿里斯蒂德·白里安（Aristide Briand）一同获

---

1 1922年，德国政府请求延期支付一战的战争赔款。1923年1月11日，法国联合比利时，以德国不履行赔款义务为借口，出动10万军队占领德国的鲁尔工业区，酿成"鲁尔危机"。对此，德国实行"消极抵抗"的政策，导致政局动荡不安。
2 地产抵押马克于1923年11月在德国推出，用以遏制当时的恶性通货膨胀。它取代了因通货膨胀而一文不值的纸马克（Papiermark），但只是作为暂时货币，不久后被国家马克取代。

得1926年诺贝尔和平奖。他以《洛迦诺公约》[1]（Vertrag von Locarno）使德国融入欧洲，同时与苏联维持重要的经济往来。1926年他促成德国这个1918年的战败国加入国际联盟（der Völkerbund）。施特雷泽曼还与联盟在1924年签署了道威斯计划[2]（Dawes-Plan），1929年制定了杨格计划（Young-Plan）[3]，减少了德国的年赔款额度，为废除赔款做准备。废除赔款的决议最终在1932年的洛桑会议上通过。这是让施特雷泽曼功成名就，也顺带巩固了魏玛共和国政权的举措。而执政的民族保守主义者获得了胜利果实。施特雷泽曼的继任者库齐乌斯（Julius Curtius）在任时突然变回侵略性强的外交政策。施特雷泽曼的去世标志着德国走到了民族社会主义的岔路口。

---

1 《洛迦诺公约》是1925年10月16日英国、法国、德国、意大利、比利时、捷克斯洛伐克、波兰七国代表在瑞士洛迦诺举行的会议上通过的8个文件的总称。一战中的欧洲协约国与中欧及东欧新兴国家尝试确认战后领土界线，并争取与战败的德国恢复正常关系。
2 道威斯计划由施特雷泽曼与美国财政部长道威斯一起建立，企图用恢复德国经济的办法来保证德国偿付赔款。
3 杨格计划由施特雷泽曼与美国律师欧文·杨格共同制定，再次修订了赔款进度表。

奥托·哈恩

Otto Hahn, 1879.3.8—1968.7.28, 生于美因河畔法兰克福, 卒于哥廷根, 物理学家

化学或物理的发现和发明往往会存在误用的风险, 或引发人们起初并没有预料到的用途的风险。奥托·哈恩于1938年发现的核裂变就是这样的例子。当他用一种慢中子来轰击铀核时, 并没有产生比它多一个中子的新元素, 而是分裂成为两种更轻的、相对原子质量之和与原来的铀核相同的元素(镧和钡)。由于产生一个大原子所需能量多于分裂成两种更小的, 所以在分裂时释放出一种巨大的能量, 这样人们就可以来修建发电能力更强的发电站, 制造摧毁力更强的炸弹。哈恩当时已经发现了好几种新的化学元素(钍和镤)及同分异构现象, 即不同的分子可以有相同的分子式, 但具体的结构不同, 所以特性也不相同。他还是威廉皇家化学研究所的主任, 跻身顶级科学家之列。他还有一位不可或缺、知识丰富而忠诚的研究伙伴——莉泽·迈特纳[1](Lise Meitner)。1945年后哈恩为复建威廉皇

---

[1] 莉泽·迈特纳, 奥地利—德国—瑞典原子物理学家, 放射化学家。被爱因斯坦称为"德国的居里夫人", 赴美国客席讲课时被誉为"原子弹之母", 也是第一个从理论上解释了奥托·哈恩1938年发现的核裂变的人。

家学会而奔走,最终使之改建为马克斯·普朗克科学促进协会,他任首任会长。作为官员和实践者的哈恩是全世界最重要的自然科学家之一。

阿尔伯特·爱因斯坦

Albert Einstein，1879.3.14—1955.4.18，生于乌尔姆，卒于普林斯顿（美国），物理学家

爱因斯坦和其前人哥白尼一样引发了物理学的革命，因此他并不是德国或国际名人，而是全宇宙的世纪人物。根据他的相对论，时间并不是一秒一秒地固定、连续发生的，在质量大的物质附近或在高速运动时时间会过得更慢。如果没有考虑到这个效应的话，在远离地面接收站的轨道上运行的卫星不会发出可靠的信号，也不存在像磁铁那样的引力。正相反，质量会造成空间扭曲，产生凹陷。像落到凹陷的汽车挡泥板上的雨滴一样，物体能够适应预先规定好的路径。爱因斯坦因为正确解释了"光电效应"而获得1921年诺贝尔物理学奖，证实了量子力学的假设：电子在光的照射下可以从电导体中被激发出来，传递到接收体上，从而形成电路。这个效应使路灯可以在黑暗中自动开启。爱因斯坦以此彻底改变了人们的世界观和日常生活。而他个人的遭遇就没那么幸运了。作为犹太人被敌视的爱因斯坦，1932年起访学到美国，再也没有回到德国，支持美国抢在德国之前研发出原子弹，后来又成为被忽略的核武器反对者。

艾米·诺特

Emmy Noether，1882.3.23—1935.4.14，生于爱尔兰根，卒于布林莫尔（美国），数学家

艾米·诺特出身于数学世家，不过身为女性很难继续这一传统。在巴伐利亚州，直到1903年冬季学期才允许首批女性在大学注册，不过禁止她们参加教授资格考试，无法成为教授。这位创建了抽象代数的德国最著名的女数学家尽管受到歧视，但并没有动摇。她提出的诺特定理从数学角度证实了物理学的能量和动量守恒；她还提出了诺特环，即不能被拆解为无限多的子结构的结构。二者现在仍是数学和物理学的基础理论。即使1919年魏玛共和国宪法引入了女性的选举权，大多数大学依然是固执和保守的"避难所"。所以诺特尽管成为哥廷根大学首位通过教授资格考试的女性，取得了很有说服力的学术成就，却依然被禁止成为大学里的正式教授。她于1922年成为编外教授，主要是靠家族财产生活。1933年她因种族问题被剥夺任教资格。纳粹针对的并不是诺特一个人，而是所有和她一样的犹太人。她曾在短期内做过社民党党员，坚决支持和平主义。诺特是被迫离开德国的知识分子的代表：1933年秋天她接受美国普林斯顿大学的客座教授邀请，在那里

设立了一个颁发给未来的女数学家的奖学金,她后来因肿瘤手术并发症而去世。如今"艾米·诺特助学金"(Emmy Noether Fellowship)仍在颁发。

阿道夫·希特勒

Adolf Hitler，1889.4.20—1945.4.30，生于因河畔的布劳瑙（奥地利），卒于柏林，独裁者

希特勒是德国和欧洲20世纪史上最大的灾难，也是世界史上最大的种族屠杀者之一。他的核心作用就是破坏。这个辍学者和没当成艺术家的人于1921年一跃成为德国民族社会主义工人党（NSDAP）主席。这个党从20世纪20年代末的经济危机中获利，在老牌精英的帮助和近一半德国民众的支持下获得权力。希特勒下令谋杀党内异己，迫害持不同政见者，在1934年兴登堡去世后成为"元首和帝国总理"（Führer und Reichskanzler）。这样他巩固了自己的独裁统治，开始坚定不移地实施反犹主义和种族主义政策，发展军备，准备发动一场夺取"生存空间"的欧洲大战。他也毫无顾忌地同意与他的布尔什维克死对头斯大林短暂结盟。闪击波兰和战胜法国提升了他的威望，在德国人中建立了"元首神话"（Führermythos）。战争失利和1944年7月20日的暗杀希特勒未遂对这一点几乎没什么影响。对全欧洲的犹太人进行种族屠杀，灭绝社会异类（Gemeinschaftsfremde，指吉卜赛人、残疾人和同性恋者），在东部发动种族灭绝战，妄图统治世界都是这种超过目前

已知一切规模的屠杀政策的一部分。纳粹政府从一开始就以暴政和武力为基础,并在战争末期滥杀自己的人民。他们在希特勒看来是无能的,因此没有活下去的权利。希特勒本人以自杀的方式逃避了所应承担的责任。

奥托·迪克斯

Otto Dix,1891.12.2—1969.7.25,生于翁特姆豪森(格拉),卒于辛根(霍恩特维尔),艺术家

和这一代的许多人一样,年轻的迪克斯在一战中兴高采烈地应征入伍。这个受过专业培训的室内装饰美工人员和德累斯顿工艺美术学校毕业生希望得到锻炼,在刚上战场的头几个星期写信回家说,在战争间隙画战争场景很有乐趣。而幻灭接踵而来:战壕里可没有高尚和勇敢。密集火力下的手榴弹炸死无名士兵,"英勇阵亡"实际上意味着惨死在污泥和沼泽里。德国艺术家在1914年战争刚开始时满怀喜悦。奥古斯特·马克[1](August Macke)、格奥尔格·特拉克尔[2](Georg Trakl)和弗朗兹·马尔克[3](Franz Marc)等人死于战争。迪克斯幸存下来,他在前线的经历影响了他后来20年的创作。1919年起他在德累斯顿美术学院任教,在那里找到了自己独一无二的创作风格。除了格奥尔

---

[1] 奥古斯特·马克,德国画家。画风受印象派、野兽派和立体派的影响。在一战中自愿从军,战死于凡尔登战役。

[2] 格奥尔格·特拉克尔,20世纪奥地利表现主义诗歌先驱。在一战中任随军药剂师,因抑郁症自杀。

[3] 弗朗兹·马尔克,德国表现派画家。"蓝骑士"派创始人和新美术家协会成员,以动物研究画著称。在一战中阵亡。

格·格罗斯[1]（George Grosz）之外，只有他毫不留情地描绘20世纪20年代的大都市生活和妓女、伤员等社会边缘人。他是艺术流派"新客观现实派"[2]（Neue Sachlichkeit）的杰出代表。迪克斯的大型画作《战壕》[3]（*Der Schützengraben*）时至今日仍在决定我们对战场上的死亡的视觉想象。1937年纳粹政府将他的画判定为"堕落艺术"也并不出奇。迪克斯被禁止画画，隐居在博登湖畔的霍利半岛。

---

1 格奥尔格·格罗斯，德国画家，善画素描，风格辛辣、幽默，揭露和抨击社会的丑恶。
2 新客观现实派，又称新客观现实主义，产生于第一次世界大战后的德国，艺术家们都有参加战争和蒙受战祸的切身体验，因而他们以尖锐的讽刺把资产阶级战争机器所制造的灾难和痛苦毫无保留地揭露出来。
3 原作在1943—1945年被毁。

瓦尔特·乌布利希

Walter Ulbricht，1893.6.30—1973.8.1，生于莱比锡，卒于大德尔恩，德国共产主义政治家和民主德国领导

　　瓦尔特·乌布利希，木匠出身，1919年参与建立德国共产党，1927年起任党内中央委员。在莫斯科接受领导干部培训后，于1928年当选魏玛共和国国会议员，担任柏林-勃兰登堡地区的党委要职。作为模范官员，他于1933年掌握党的工作，在共产党被禁和纳粹政府迫害共产主义者之后流亡到布拉格，之后又去了巴黎，1938年到了苏联，成为德国共产主义者在共产国际的代表。具有传奇色彩的"乌布利希小组"（Gruppe Ulbricht）在1945年从莫斯科回到柏林，组织重建德国共产党，发起与社民党的强制统一，成立了统一社会党，1950年乌布利希当选为该党的总书记。在1953年6月17日人民起义[1]失败后，镇压机构扩大规模，乌布利希巩固了自己在党内的地位。反对派在清洗运动中成了牺牲品。威廉·皮克[2]（Wilhelm Pieck）去世后，统一社会党任命乌布利希为新建的民主德国国务委员会主席。

---

[1] 1953年6月，由于供应短缺和工作定额上涨，民众聚集起来进行游行示威和罢工。

[2] 威廉·皮克，德国共产主义政治家，民主德国第一任总统。

乌布利希把一度很弱小的东欧联盟中的一分子塑造为强大的苏联的小伙伴，仿照苏联把民主德国打造成世界领先的工业强国，这也增强了他的自信。他甚至催促赫鲁晓夫（Chruschtschow）封锁柏林城内的边界，从而建造柏林墙。随着年龄的增长，他变得僵化，特别是在重新处理与联邦德国关系的问题上违背了苏联的意志。昂纳克[1]（Honecker）利用了这个机会，在1971年把乌布利希赶下了台。

---

[1] 昂纳克，德国政治家，最后一位正式的民主德国最高领导人。

卡洛·施密特

Carlo Schmid,1896.12.3—1979.12.11,生于佩皮尼昂(法国),卒于巴特洪内夫,政治家

这位德法混血儿的前半生笼罩在德国的灾难下。一战中受到战友的羞辱,20世纪20年代寻求不教条的社会主义设想。他在柏林威廉皇家民法研究所工作了一年后回到了图宾根大学,通过了教授资格考试;原本会有辉煌的教授生涯,但在1933年,由于他公开反对纳粹,这个梦破灭了。1940年他接受法国里尔战争管理委员会的任命,在那里机智地对抗纳粹政权。他的辉煌时刻出现在1945年的法占区图宾根。他作为熟知法国文化和法国人心性的人,机敏地在军政府面前代表国家的利益。他的后半生的所有主题都是在这一时期确定的:作为新党员为社民党改组而斗争;作为法学家和政治思想家要求亲西方、能抵抗危机的民主;作为德国政治家希望祖国统一;作为欧洲外交政策专家希望德国与法国和波兰和解,并向以色列赔款。施密特最重要的政治角色是1948—1949年任议会主管委员会主席。基本法的很多地方都由他来起草。施密特是教育和慈善事业的权威。这个公共法教授也是著名的人文主义者、文学家和诗人。施密特多年来一直是最受欢迎的德国政治家,1958年被提名为联邦总统候选人。他是德国民主新开端的奠基人。

贝托尔特·布莱希特

Bertolt Brecht，1898.2.10—1956.8.14，生于奥格斯堡，卒于东柏林，作家

布莱希特在1956年猝死前几周提出了一个对讣告的建议："请不要写您很欣赏我，请这么写——我是个让人不舒服的人，在我死后回想起来也是这样。"他说得没错。当下对布莱希特的评价仍然呈两极：热情洋溢地赞美他对戏剧的伟大革新，同时也强烈批判他的阶级斗争世界观。布莱希特是奥格斯堡一个造纸厂厂长的儿子，1917年通过了战时提前举行的高中毕业考试，1918年10月被派到军医院服役。十一月革命[1]（Novemberrevolution）中他加入了工人和士兵委员会。20世纪20年代初他开始进入文学创作高产期，凭《夜半鼓声》（*Trommeln in der Nacht*）崭露头角，出版了剧本《巴尔》（*Baal*），1924年搬到繁华的柏林。对马克思主义的深入研究给他的戏剧创作带来了推动力。批判资本主义的戏剧《马哈哥尼城的兴衰》（*Aufstieg und Fall der Stadt Mahagonny*）在一片骚动和市民观众强烈的抗议中结

---

[1] 十一月革命是德国在1918年与1919年发生的一连串事件，致使德意志帝国威廉二世政权被推翻以及魏玛共和国建立。

束。他最著名的作品《三分钱歌剧》(*Dreigroschenoper*) 也是凭库尔特·魏尔 (Kurt Weill) 的天才音乐制胜。1933年，布莱希特离开德国，流亡丹麦、瑞典、芬兰、美国和瑞士。1941年，《大胆妈妈和她的孩子们》(*Mutter Courage und ihre Kinder*) 在苏黎世首演。1949年布莱希特移居东柏林，受到统一社会党的欢迎，创建著名的"柏林剧团"(Berliner Ensemble)。布莱希特是一个难相处的人，但他确实是20世纪最伟大的剧作家之一。他也是短篇散文大师。"您在忙什么呢？"有人问K先生。他回答说："我在尽力准备下一次犯错。"[1]

---

[1] 出自布莱希特的《K先生的故事》(*Geschichten vom Herrn Keuner*) 之《最佳的劳累》(*Mühsal der Besten*)。

赫尔曼·约瑟夫·阿布斯

Hermann Josef Abs，1901.10.15—1994.2.5，生于波恩，卒于巴特索登，银行家

在波恩接受过银行业培训后，阿布斯于1921年去了科隆的德尔布吕克和冯·德·海特银行。（位于）科隆的科尼希银行[1]的合伙人资助他漫游欧洲、南美洲和美国。阿布斯掌握了多种语言，建立了今后用得到的人脉。他凭实力成为银行界的明日之星，因此德意志银行于1938年任命他为海外部主任。在没收犹太人财产的过程中，他为银行吸纳了新的客户，并在用缴获的黄金购买德国的外国债券过程中为自己赚取了大量的佣金。由于他保护犹太银行家，放过了被占领区的银行，以期战后合作，因此也被视为可信赖的合作伙伴。战后，阿布斯迎来了他的辉煌时刻。1948年为了战后重建建立了借贷机构，管理马歇尔计划筹集到的资金。他成为总理阿登纳的财政顾问，1953年以这一身份为成立之初的联邦德国迈出了重要的一步：在伦敦债务会议上争取到将二战赔偿问题推迟到签订和平协议为止。他保障了德国公司的信用和在国外的信誉。协议首先使别

---

[1] 阿布斯1928年曾在该银行工作过。

国放弃了对强制劳工等国外纳粹受害者的赔偿要求。1957年他促成了战后分崩离析的德意志银行的重组，成为代言人和监事会主席。阿布斯是联邦德国的创始人之一，也是银行业的标志性人物。他还代表着实用主义与道德交易之间的细微差异。

玛琳·黛德丽

Marlene Dietrich，1901.12.27—1992.5.6，生于柏林，卒于巴黎（法国），演员

没有哪位明星能像玛琳·黛德丽那样让德国人着迷。她在《蓝天使》(*Der blaue Engel*) 中饰演的萝拉（Lola Lola）摧毁了道貌岸然的世界，成为自由性感的象征。她刻意在公开亮相时穿裤子，营造出解放的女性形象。好莱坞早就发现了她的潜质，1930年把她请去了美国，这对雄心勃勃、想同美国电影工业竞争的环球电影股份公司（简称"Ufa"）来说是个沉重的打击。黛德丽凭借受到的遵守纪律和履行义务等普鲁士式教育迅速成名，从只是在德国大受欢迎的明星成为世界巨星。她回国的打算随着1933年5月纳粹对犹太人的暴行和禁令而破灭。黛德丽对纳粹感到厌恶，留在了美国。她在战争年代投身于战时公债和慰问士兵。作为一个浓妆艳抹的解放女性，由于她支持敌人，不顾自己民族的危难，战后的德国社会容不下她。她在1960年的欧洲巡演中经过德国时感受到了敌意。直到20世纪80年代民众才接受了她，把她视为"更好的德国人"的代表。爱与恨交织在20世纪的德国历史中。

马克斯·施梅林

Max Schmeling，1905.9.28—2005.2.2，生于小卢科（乌克马克），卒于霍伦施泰特（汉堡附近），拳击手

这是拳击史上最大的惊喜，这次决战被誉为"世纪之战"：1936年6月19日的纽约，马克斯·施梅林在第十二回合击倒了当时被认为不可战胜的"褐色轰炸机"(der braune Bomber) 乔·路易斯（Joe Louis）。纳粹政府立即宣传这场胜利就是"日耳曼民族优越性"的明证。1938年施梅林在二人的第二次对决中首回合就被路易斯击败，纳粹则闭口不谈，仍在利用他宣传：在被召入国防军后接受伞兵训练，参与了克里特岛入侵计划，由摄影师跟着。人们直到1989年才得知：这位拳王曾在1938年帮助两个犹太男孩躲在自己家里，还帮助他们顺利去了美国。1931年施梅林首次获得世界重量级拳击冠军，一年后在有争议的点数判罚中又失去了拳王称号。他觉得这就是体育运动，很公正，这也是他的性格。他不适合军旅生活，在运动员里一眼看去是典型的平民。因此他在魏玛共和国时期和亨利希·曼、布莱希特、弗里茨·考特尼[1]（Fritz Kortner）、埃贡·埃尔

---

1 弗里茨·考特尼，奥地利演员、戏剧和电影导演。

温·基希[1](Egon Erwin Kisch)和库尔特·图霍夫斯基[2](Kurt Tucholsky)结为好友。战后施梅林几乎失去了自己的所有财产，这次又是让他一战成名的美国帮了他：他买下了可口可乐的德国销售权，一跃成为富商。他也是乐善好施之人，愿意与别人共享财富。他是第一个入选代表拳击运动员至上荣誉的名人堂的德国人，也是迄今为止德国唯一一位世界重量级拳击冠军。他是一位世纪运动员和世纪慈善家。

---

[1] 埃贡·埃尔温·基希，捷克新闻记者、报告文学家。以其报告文学集《秘密的中国》(Chinageheim)成为中国人民诚挚的朋友，为当时中国读书界所熟知。另有以他名字命名的"埃贡·埃尔温·基希奖"，颁发给德语区优秀的记者。
[2] 库尔特·图霍夫斯基，德国政论家、文学评论家、诗人。

海德堡人

Homo heidelbergensis，人类化石，1907年10月22日发现于毛尔村

亚当是《圣经》中第一个人类的名字。1907年在海德堡附近的毛尔村的河床里发现的人类下颌骨化石也被发现者命名为"亚当"。这具化石背后隐藏着什么秘密？调查显示，这个命名有它的合理性。骨头上的痕迹显示，这是一个全新的人种：牙齿完整，下颌骨呈圆形，这都是1856年在梅特曼市附近被发现的现代尼安德特人（Neandertaler，以下简称"尼人"）的特征。同时下巴的缺失和笔直的下颌骨证明他比现代人类落后。他可能是一种过渡人种：最早的一批直立人于100万年前离开非洲后，在抵达的地方继续演化。遍布欧洲的是尼人，他们能最好地适应日益变冷的冰河期气候和复杂的地貌。尼人的直接祖先就是"亚当"，现在人们根据他在人类发展史上的地位——阿尔卑斯山以北最古老的人类化石——给他起了学名：海德堡人（homo heidelbergensis）。在非洲和亚洲出现了今天的人类：智人（homo sapiens）。他们也没有定居，而是来到了欧洲，大约在3万年前靠惊人的适应能力威胁到了尼人的生存，使之灭亡。这具在德国发现的人类化石具有里程碑意

义，记录了人类发展史上的转折点。"亚当"，这个和大象、犀牛一起在内卡河畔的大森林里生活了约25年的人的确代表着在北欧生活的第一批人类。

克劳斯·申克·冯·斯陶芬贝格

Claus Schenk Graf von Stauffenberg，1907.11.15—1944.7.21，生于耶廷根，卒于柏林，军人

斯陶芬贝格出身于施瓦本的贵族家庭，二战爆发前拥有一段辉煌的军旅生涯。他和许多保守、支持君主专制的人一样反对魏玛共和国。贵族的出身让他与"平民"出身的纳粹保持一定距离，不过1933年他也怀有紧张激动的心情。经历了一段漫长而痛苦的过程后，斯陶芬贝格和其他人认识到纳粹政府的暴行，走向了它的对立面，最终发动了1944年7月20日刺杀希特勒的行动。德军在东欧野蛮的占领政策和民族屠杀让他清醒过来。1943年4月，在非洲的一次前线作战中，斯陶芬贝格受了重伤，失去左眼、整个右手和左手的两根手指。在他休养时刺杀希特勒的计划渐渐成熟。他和哥哥贝特霍尔德（Berthold Schenk Graf von Stauffenberg）联络志同道合者，形成了克莱稍集团（Kreisauer Kreis）。作为本土兵团的参谋长，他有机会进入元首指挥部"狼穴"（Wolfsschanze），接近希特勒。不过刺杀希特勒的"女武神计划"（Walktüre）没有成功，希特勒活了下来，只是受了轻伤。与刺杀行动同步开展的反纳粹组织接管政府的行动太慢，他们也没能成功关押效忠于

希特勒的干部。就在当晚,政府展开了血腥的还击,斯陶芬贝格和他的同党被紧急处决。在斯陶芬贝格身上体现了"另一个德国"和对纳粹独裁统治的抵抗。21岁的索菲·绍尔(Sophie Scholl,"白玫瑰"组织成员)等其他斗士参与的有良知的起义是他们留给我们的精神遗产。

康拉德·楚泽

Konrad Zuse，1910.6.22—1995.12.19，生于维尔莫斯多夫（柏林），卒于欣费尔德，工程师

在绘画和表演上也很有天赋的细节控康拉德·楚泽自称因为懒得计算，所以发明了自动计算机。在朋友们和本已退休却为了资助儿子的项目重新工作的父亲的帮助下，楚泽在不断的改进中开发出了第一个程序Z1。在后续的Z2，特别是1941年的Z3中，他成功研制出了第一台全自动可编程的机器。他使用了二进制，把所有数字用0和1表示。一个建立在普通数字基础上的输入系统可以将计算过程明确地转化成全自动机械运动。1949年他成立了自己的公司——楚泽两合公司，大批量生产电脑。由于他更擅长研发，而不善于经营，无法竞争过美国的对手，只能在1967年把公司转让给西门子公司。他终其一生也没申请到电脑的专利。因为法官认定，他只是把已有的配件聚集在一起，没有带来新贡献。基础的电脑技术从Z3起就没有发生变化，电脑"只是"通过越来越完善的电子技术变得更小和更快了。楚泽的发明在持续研发中渗透到人类生活的方方面面，而不仅仅是让人变得轻松。

格蕾特·席克丹茨

Grete Schickedanz,1911.10.20—1994.7.23,生于菲尔特,卒于菲尔特,企业家

这曾是消费社会的现代购物方式:20世纪70年代,邮寄商店盛行。人们从商品目录上订货,邮政送货到家。在菲尔特的邮购企业客万乐(Quelle)每年销售额达70亿德国马克,拥有约36000名员工。当格蕾特·席克丹茨于1977年丈夫去世后接任董事会主席一职时,她已经是德国最著名的女企业家之一了。邮购业(快递贸易)和其他很多事物一样,起源于美国,早在19世纪最后三十年就风行一时,20世纪20年代在德国迎来了创建热潮。1927年格蕾特开始在当时规模还很小的邮购企业客万乐当学徒,1942年嫁给其创始人古斯塔夫·席克丹茨(Gustav Schickedanz),二战后重建企业。她丈夫作为纳粹的罪人到1949年为止被禁止工作,所以主要的工作由格蕾特承担。她在1954年成为企业管理咨询委员会的首席代表和成员。她的影响力不仅体现在采购、销售和宣传上,还以广为流传的客万乐商品目录影响了各个社会阶层的时尚品位。她还提高了女雇员待遇,积极参与慈善事业,承担社会责任。此外,她开发了新的业务领域,特别是贷款服务。

联邦总统魏茨泽克（Richard Freiherr von Weizsäcker）称其为"德国经济的第一夫人"。她的公司一直在蓬勃发展，直到电商出现，印刷好的商品目录突然变得像上世纪的过时的东西。互联网贸易迅速走红，传统的邮购企业幸存下来的寥寥无几。两个最大的邮购企业客万乐和耐克尔曼（Neckermann）分别于2009年和2012年破产。

韦纳·冯·布劳恩

Wernher von Braun,1912.3.23—1977.6.16,生于维尔西茨(今波兰维日斯克),卒于亚历山德里亚(美国),工程师

"穹苍传扬他的手段"[1],这句刻在韦纳·冯·布劳恩的墓碑上、出自《圣经·旧约》的《诗篇》中的话形容他最为贴切。如果没有他,天空会缺少很多东西:火箭、卫星、载人飞船。布劳恩因此成为20世纪最重要的工程师之一。同时他在"极端年代"(Zeitalter der Extreme)的变革中获益:纳粹政府任命布劳恩为佩内明德火箭试验场技术主管,希望能从他的已有研究中发明杀伤性武器。布劳恩研制出V2火箭,在战争后期用于进攻伦敦,但之后再也没有取得决定性影响。1937年,布劳恩加入纳粹党,1941年加入党卫军。为了维持火箭生产,在他领导下,主要是在米特保-朵拉集中营使用了强制劳工。他事后辩称这只是为了确保纳粹支持自己的长期独立研究而进行的形式上的程序。1945年9月他被召去了美国,美国给他一支自己的团队,以便继续研究。布劳恩1950年起在美国建了新的火箭测控地面站,1955年加入美国国籍,1958年起在卡纳维拉尔角

---

[1] 本句译文引自和合本《圣经》。

创建美国国家航空航天局（NASA）。他在那里研制原子弹、卫星、"土星号"（Saturn）运载火箭和载人宇宙飞船。他的后半生最辉煌的时刻是1969年美国成功登月。

阿克塞尔·凯撒·施普林格

Axel Cäser Springer，1912.5.2—1985.9.22，生于阿尔托纳（汉堡），卒于柏林，记者、出版商

施普林格的人生轨迹反映的是联邦德国的一段历史。他影响着联邦德国的出版舆论，作为坚定的反共传媒大亨饱受争议，被认为是坚定的"冷战斗士"；同时他又被视为坚定的爱国者，这表现在他对以色列问题的热心参与上。作为一个小出版商的独生子，他早就熟悉出版业务，被英占区当局认定为身家清白，并在1945年12月就获得了报纸的出版许可，1946年发行《西北德意志报》(*Die Nordwestdeutschen Hefte*)及插图本广播电台杂志《倾听》(*Hörzu*)，1948年创办女性杂志《康斯坦斯》(*Constanze*)和《汉堡晚报》(*Das Hamburger Abendblatt*)。施普林格最大胆的行动莫过于1952年创刊《图片报》(*Bild*)，这份报纸的名字"图片"就是它的核心内容。它的发行量很快达到上百万，跃居欧洲最畅销的小报之首。通过收购出版社，施普林格在10年内成为德国最成功、销售额最大的出版商。这样明显的优势并非不可思议。随着施普林格的成功，对手也多了起来。施普林格自己对左倾的政治对手并不太敏感，成了"68一代"，以及竞争对手鲁道夫·奥格斯坦

[Rudolf Augstein,《明镜周刊》(Der Spiegel) 创始人] 和格尔德·布塞留斯 [Gerd Bucerius,《时代周报》(Die Zeit) 创始人] 攻击的靶子。施普林格具有当主编和经理的直觉，没人能比他更好地把握出版市场的先机。不过他的使命感伤害也妖魔化了持不同政见者。

埃里希·昂纳克

Erich Honecker，1912.8.25—1994.5.29，生于诺因基兴（萨尔），卒于圣地亚哥（智利），德国共产主义政治家、民主德国领导人

他曾任民主德国最高领导人达18年之久，在一定时期内很多民主德国人民对他抱有好感。1933年，时年只有21岁的萨尔州人埃里希·昂纳克受德国共产主义青年团（der Kommunistische Jugendverband Deutschland）委托，组织地下工作，1935年被盖世太保拘捕，因"密谋叛逆罪"被判监禁10年。1945年4月底，红军释放了他，他立即加入"乌布利希小组"，创建德意志自由青年联盟[1]（Freie Deutsche Jugend，FDJ）。他于1955年去莫斯科党校参加培训，1958年成为政治局委员，在那里培植个人势力。作为乌布利希"学生"的昂纳克以1961年修建柏林墙作为满师作品。他的两次最大的成功出现在1973年和1987年：1973年，民主德国成为联合国正式成员；1987年，昂纳克出访联邦德国，在波恩受到了隆重接待，写下了他政治生涯中

---

[1] 德意志自由青年联盟（也译作"自由德国青年团""自由德国青年联盟"）是民主德国的共青团组织，于1936年在巴黎成立其早期组织，吸收15～25岁的男女青年，两德统一后并未消亡。

光辉的一笔。在内政方面,民主德国饱受经济衰退危机困扰,即使实行庞大的住房建设项目也没有遏制住颓势。昂纳克没有理会戈尔巴乔夫(Michail Gorbatschow)1985年起实施的改革方案,并于1989年表示,柏林墙还要再存在100年,试图与罗马尼亚领导人齐奥塞斯库(Nikolae Ceausescu)团结一致。埃贡·克伦茨(Egon Krenz)等人以"健康原因"为由催他隐退,就像他以前对乌布利希一样。失去权力后的前领导人本该在德国统一后因下令射杀穿越两德边界的人而受审,但由于他癌症晚期,审判最终搁置。昂纳克在智利度过了人生的最后时光。

维利·勃兰特

Willy Brandt,1913.12.18—1992.10.8,生于吕贝克,卒于温克尔(巴特洪内夫附近),政治家

维利·勃兰特的本名是赫尔伯特·弗拉姆(Herbert Frahm)。1933年3月,他以维利·勃兰特的化名出席了社民党左派在德累斯顿举行的秘密会议。作为反法西斯人士的他在希特勒上台后流亡挪威,走遍了大半个欧洲,1937年在西班牙人民战争中在共和国一边逗留了一段时间,本想建立反对纳粹独裁统治的统一战线,但没有成功。1938年他得知纳粹剥夺了他的德国国籍。无家可归的弗拉姆使用了以前的化名,获得了挪威国籍。勃兰特1946年回到柏林,一年后重新获得德国国籍,在柏林的社民党工作,1957年到1966年任西柏林市市长。1961年建造柏林墙时他迎来了表现的机会,成为阿登纳和一部分保守人士的对手,无畏各种诽谤(说他本人是私生子、抵抗运动人士)。他在1969年到1974年任联邦总理时提出的"新东方政策"(Neue Ostpolitik)和以"敢于扩大民主"(Mehr Demokratie wagen)为口号的内部改革使他成为社民党的世纪人物。勃兰特既是现实主义者,也是有远见的人,1971年获得诺贝尔和平奖。他凭借其国际声望被选为社会党国际主席,从1976年起提倡削减军备,缩小南北国家差距。

海因里希·伯尔

Heinrich Böll，1917.12.21—1985.7.16，生于柏林，卒于克罗伊茨奥-朗根布罗赫，作家

1972年12月20日：海因里希·伯尔接受了诺贝尔文学奖。正如颁奖词所说，"其作品通过把富有时代感的远见和敏锐的移情能力结合起来，从而振兴了德国文学"，因此获奖。伯尔的语言简单、清晰、准确，不花哨，也不追求轰动效应。有人说他正直。由于他所涉及的主题有一定挑衅性，个别人批评他的政治理念美学（Gesinnungsästhetik）。尽管伯尔是联邦德国早期的写实主义作家和批评家，但他的作品没有局限在政治道德主题上。战争对人性的扭曲是一大主题；另一个主题是对天主教会滥用权力的批判[《小丑之见》(Ansichten eines Clowns)]，这让天主教徒不太舒服。在长篇小说《女士及众生相》(Gruppenbild mit Dame，1971)中，伯尔描写了一个经历了1922年到1970年所有历史事件的德国女性的命运。在20世纪70年代由红军旅[1]（Rote Armee Fraktion，RAF）的恐怖主义活动激化的环境下，伯尔受到诋毁，被批判为恐怖主义的精神先锋；这是

---

[1] 红军旅是德国的一个左翼恐怖主义组织，主要活动时期自1970年至1998年。

因为他在道德上无可指摘,但是不合时宜地为红军旅骨干乌尔丽克·梅茵霍芙(Ulrike Meinhof)辩护。无论他接受共产主义者列夫·科佩列夫(Lew Kopelew)、索尔仁尼琴(Alexander Solschenizyn)等人的思想,还是投身于和平运动,伯尔始终是一个温和的反叛者。

贝亚特·乌泽

Beate Uhse，1919.10.25—2001.7.16，生于瓦格瑙（今俄罗斯马利诺夫卡），卒于圣加仑（瑞士），飞行员、企业家

从她的第一个职业肯定猜不到，贝亚特·乌泽日后会因经营卫生用具邮寄商店，销售情趣用品和色情影片大获成功。作为受过训练的飞行员，她在二战时期负责摆渡新的或维修过的飞机，所以运气一直不错，没有被盟军击中。在逃离柏林，被俘和抵达弗伦斯堡[1]后，她在当地发现了一个困扰许多女性的问题：如何避免意外怀孕。1947年，从通过实际经验得来的女性生理期数据中诞生了乌泽的名为"X"的小册子（*Schrift X*），其中涉及各种女性性话题，通过邮寄送货上门。1951年，一家实体公司就通过这种商品邮寄发展起来，并迅速取得了惊人的销售额，扩大了规模。当时的焦点话题是避孕措施、性文学与情趣用品，随着时间的推移逐渐扩展到影像和情趣内衣。乌泽以巧妙地推介性知识的形式带来了性解放，但是也开发了性的商品属性——体现在情趣用品店上。作为企业家的她以有策略地嵌入她的传记和讲究用人技巧的形式成功地开发了市场，

---

[1] 弗伦斯堡是德国和丹麦交界处的一个港口城市。

在由男性主导的经济中树立了标杆。她还给柏林自由大学寄过资料，因为学校严重缺乏相关的书籍。另一方面，她也经历了保守人士对社会性启蒙运动的反对，她利用法律和人性的回旋余地，挺过了700件刑事诉讼。乌泽成为战后社会自由意志主义的象征。

弗里茨·瓦尔特

Fritz Walter，1920.10.31—2002.5.17，生于凯泽斯劳滕，卒于恩肯巴赫-阿尔森博恩，足球运动员

1954年，弗里茨·瓦尔特作为联邦德国男足国家队队长和前锋，率领球队在世界杯决赛中以3∶2战胜了当时如日中天的匈牙利队。在瑞士世界杯上的获胜被德国国内誉为"伯尔尼的奇迹"（Wunder von Bern），这并不仅仅是体育上的意义。对外宣传的口号是"我们回来了！"（Wir sind wieder wer!），尽管这种感觉很矛盾，但因为战争和纳粹暴行被全世界唾弃的德国人如今和平地重返世界舞台。瓦尔特1951年重返国家队，他早在1940年就首次代表国家队迎战罗马尼亚队。当时和50年代的教练都是塞普·赫博格（Sepp Herberger）。瓦尔特的父亲经营着凯泽斯劳滕足球俱乐部的旅馆。1942年，这个旅馆老板的儿子应征入伍，被投入苏联的监狱，1945年底重返家乡。他在那里成就了贝岑山[1]的"红魔"——凯泽斯劳滕足球俱乐部于1951年和1953年获得德甲冠军。瓦尔特终身效力于家乡球队。1985年，凯泽斯劳滕体育场以他的名字命名。瓦尔特不仅有精

---

[1] 贝岑山是凯泽斯劳滕的一座山。

湛的技术，核心球员的素质和临门一脚的威胁度也很出众。更重要的是：他在场外很正派和谦虚。1958年，他参加了个人第61场，也是最后一场国际比赛，紧接着成为阿迪达斯的代言人；1976年起热心参与塞普·赫博格基金会工作。这位德国足球传奇人物获得多项国内和国际殊荣。1999年成立的弗里茨·瓦尔特基金会致力于使年轻人融入社会，使各国通过体育达成共识。

约瑟夫·博伊斯

Joseph Beuys，1921.5.12—1986.1.23，生于克雷费尔德，卒于杜塞尔多夫，艺术家、理论家

"艺术=生活，生活=艺术。"约瑟夫·博伊斯向这个等式中倾注了他扩展的艺术概念。没人能像他那样深刻而有争议地刻画了战后联邦德国的进退维谷。正如艺术史学家乌尔施普龙（Philipp Ursprung）所言，博伊斯"在美学上抵消了纳粹和马歇尔计划对文化上的双重堕落，并使这种'负罪感'在艺术上产生了效果"。他符合在一个后英雄主义社会里变得温和的斗士形象。博伊斯1941年自愿报名参加空军，在克里米亚上空被击落。之后他创造了一个传奇：当地的鞑靼人用动物油脂救活了他，用毛毯为他保暖，这就是他偏爱这种材质的原因。博伊斯1946年就读于杜塞尔多夫艺术学院，1961年在该校获得教席；其艺术既富有创造力，又有些含糊晦涩。激浪运动[1]（Fluxus-Bewegung）中的行为艺术和有观众参与的偶发艺术（Happening）深

---

[1] 1960年，美国立陶宛裔艺术家麦素纳斯（George Maciunas）打算办一本综合性的文化杂志，探讨美国、欧洲和日本的一些最新的艺术活动。他给这个杂志起名为《激浪派》(Fluxus)，并通过音乐会和艺术展览聚集起一群从事先锋派艺术活动的艺术家。这个组织从20世纪60年代一直存在至今。

深影响了他的艺术创作,之后又加入了室内设计和装置作品[作品《20世纪末》(*Das Ende des 20. Jahrhunderts*),1982],辅之以热心政治活动的形式。他将冷战思维和人智学设想融为一体,借鉴德国古典主义和浪漫主义,将它们转化到他的社会雕塑[1](soziale Plastik)的设计理念中。作为教师的他在20世纪70年代的国际艺术市场上取得了最大成就。

---

1 社会雕塑,是博伊斯对艺术扩展概念的具体定义。博伊斯用这个术语来解释他关于改变社会的艺术的想法。与基于形式美学的理解形成鲜明对比的是,博伊斯的艺术概念包含了意在构建和塑造社会的人类行为。因此,艺术的概念不再局限于有形的手工制品。

库特·马祖尔

Kurt Masur,1927.7.18—2015.12.19,生于布里格(今属波兰),卒于康涅狄格州格林尼治(美国),指挥家

他本想成为钢琴家,可16岁那年,医生告诉他,他右手的小指不能再伸直了。他就这样放弃音乐了吗?当然不可能。库特·马祖尔在经历过二战和在英国坐牢之后成为民主德国最著名的指挥家,秉承了德国指挥家认真而务实的指挥传统,获得国际声望。他的登顶之旅始于哈勒剧场的管弦乐队指挥,后经埃尔福特和莱比锡,于1958年调任什未林的梅克伦堡国家剧院指挥,1960年起来到东柏林喜歌剧院——一家重视指挥的现代音乐剧院。马祖尔于20世纪70年代开始在国际上走红,与此同时民主德国在国际上的地位也在提高。作为莱比锡格万特豪斯管弦乐团的首席指挥,他带领这个菲利克斯·门德尔松-巴托尔迪(Felix Mendelssohn-Bartholdy)和威廉·富尔特文格勒(Wilhelm Furtwängler)指挥过的乐团再攀高峰。古怪而独特的一点是马祖尔指挥时不用指挥棒,他说,在他看来指挥棒太过专制。1989年东欧剧变时没有多少民主德国的艺术家会引起人注意,马祖尔则不同。在10万余人于10月初走上"英雄之城"莱比锡街头时,马祖尔以呼吁非暴力的方式书写

历史。这是民主德国和平演变的决定性突破。马祖尔也感动了自由之国——美国。1990年4月，他被聘为纽约爱乐乐团首席指挥和音乐总监，带领他们以气势恢宏的演出再度回归"五大交响乐团"[1]（Big five）之列。他在2002年离开纽约时，被授予"荣誉指挥"（Music Director Emeritus）称号；在该乐团150年的历史上此前只有伦纳德·伯恩斯坦（Leonard Bernstein）一人获得过这项荣誉。

---

[1] "五大交响乐团"指纽约爱乐乐团、波士顿交响乐团、芝加哥交响乐团、费城交响乐团、克利夫兰管弦乐团，它们是美国最著名，也是最受欢迎的五大交响乐团。

安妮·弗兰克

Anne Frank，1929.6.12—1945.3，生于美因河畔法兰克福，卒于贝尔根－贝尔森集中营，学生

一个犹太女孩的日记时至今日仍在让全世界受到触动。一个孩子在1942年6月12日到1944年8月1日用对生活的希望对抗着恐惧的氛围。同时期的任何文献都无法像这本日记一样令人感动地记录第三帝国的种族主义政策下普通犹太人的命运。安妮4岁时随父母移居阿姆斯特丹。当纳粹占领荷兰，开始屠杀当地的犹太人时，安妮一家于1942年年中藏匿了起来。几个人在阿姆斯特丹市中心的一间背街的房子里躲了两年后被德军发现。所有人都被捕，进入集中营。这家人的朋友随后在旧书中发现了安妮·弗兰克用荷兰语写的日记，1946年首次出版了它。日记随后被翻译成多种语言，在世界上发行量过百万，被搬上舞台，拍成电影，谱成曲。像安妮这样的一个犹太女孩对群体的危机、逃亡和恐惧的描述，以及作为一个孩子没有丧失对人性善良的信心令人惊讶。1944年9月，安妮成为最后一批被送入奥斯维辛集中营者中的一员。红军逼近时，纳粹把安妮等人转移到贝尔根－贝尔森集中营。她在那里死于斑疹伤寒。安妮·弗兰克是所有大屠杀受害者的象征，也是现代世界的象征性人物。

赫尔穆特·科尔

Helmut Kohl,1930.4.3—2017.6.16,生于路德维希港,卒于路德维希港,政治家

科尔在海德堡大学历史学专业获得博士学位后,于1959年成为莱茵兰-普法尔茨州州议会议员,1969年至1976年任该州州长,1973年被选为基民盟主席。在他的带领下,联盟在党内进行了纲领和人事上的更新。他与对手弗朗茨·约瑟夫·施特劳斯[1](Franz Josef Strauß)间有激烈的冲突。在权力组织方面,起初被轻视的科尔被证明是真正的高手。他的领导风格高度个性化,上至联邦,下至市镇,都能体现出他的领导风格。在1982年的建设性不信任投票后,科尔取代赫尔穆特·施密特(Helmut Schmidt),任联邦总理长达16年,比他的所有前任任期都长。科尔特别适合当"阿登纳的继承人"——不仅继承了他的欧洲政策,还特别注重德法关系。在经历了最初的坎坷后联邦德国重新增强了经济实力。在德国1989年至1990年重新统一时,科尔狡猾地用策略借助了美方的力量,避免了分裂。

---

[1] 弗朗茨·约瑟夫·施特劳斯,德国右翼政治家,巴伐利亚州基督教社会联盟(CSU,简称基社盟)重要成员。

"统一总理"（Kanzler der Einheit）的美誉也是恰如其分。科尔是坚定的欧洲人，促成了欧元的引入。科尔在1998年下野后成为基民盟的名誉主席，不过在2000年前后党内献金丑闻被公之于众，伟大的总理名誉受损后被剥夺了这一头衔。

弗朗茨·贝肯鲍尔

Franz Beckenbauer，1945.9.11—2024.1.7，生于慕尼黑，足球运动员、足球官员

1968年，拜仁慕尼黑足球俱乐部在维也纳进行了一场友谊赛，弗朗茨·贝肯鲍尔凑巧在奥地利皇帝弗朗茨一世（Franz I.）半身像前合影。记者们机智地将其称为"弗朗茨皇帝"。贝肯鲍尔的踢法并不"德国"，却是德国足球的招牌。国际媒体喜欢报道比赛场上的"德国坦克"，而贝肯鲍尔轻盈、潇洒、优雅，有时大胆。他是最伟大的防守型足球运动员之一。贝肯鲍尔早年做过保险推销人员的实习，但后来再没做过相关工作。1965年秋天，他在对瑞典的预选赛中完成了在德国国家队的处子秀。1966年体育记者第一次，不过并不是最后一次，选他为"年度最佳球员"。荣誉很快接踵而来：拜仁慕尼黑获得5次德甲冠军、4次德国足协杯冠军，德国队获得1970年墨西哥世界杯季军。1974年是他最成功的一年：拜仁慕尼黑首次赢得欧洲冠军联赛冠军，贝肯鲍尔作为队长带领德国国家队举起了大力神杯。1977年他转会去了纽约宇宙队，1984年在没有主教练资格的情况下以领队的身份执教德国国家队，率队获得1986年墨西哥世界杯亚军和1990年意大利世界杯冠军。在拜仁慕

尼黑改组为股份公司后,贝肯鲍尔任监事会主席。他还担任了其他的国家级和国际级职务。2006年他成为德国世界杯的国家名片。贝肯鲍尔不像其他人那样频繁地出现在媒体和广告中,但他在相当长一段时间内都是全世界最著名的德国人。

佩特拉·凯利

Petra Kelly，1947.11.29—1992.10.1，生于金茨堡，卒于波恩，和平人士、女政治家

凯利是德国和平运动的象征，特别是在20世纪80年代。和平政策、人权和环保在她这里实现了政治统一。她7岁时，母亲改嫁给了一个爱尔兰裔美国军官，她随继父的姓。不过她一生和扶养她长大的祖母感情更深，她在祖母身边一直待到1960年，后随全家去了美国。凯利在华盛顿学习政治学，任助教，在民主党议员肯尼迪（Robert Kennedy）和休伯特·汉弗莱（Hubert Humphrey）的办公室工作。1970年，凯利到阿姆斯特丹继续上学，之后在位于布鲁塞尔的欧洲共同体工作。随着新的社会运动的到来，凯利迎来了在德国大显身手的时刻。她利用在美国的民权运动的经验，1972年起在联邦环保公民倡议行动组织和多个促进环保、妇女运动及和平运动的协会与组织中工作。她退出社民党后成为绿党的共同创始人和发言人，她认为绿党是"反对党之党"。当时没有哪个德国女政治家拥有像凯利那样的国际关系和声望。她满怀理想主义，不仅推进欧洲的和平运动，突破障碍，也为澳大利亚原住民而斗争。绿党的女运动家和象征日渐成为孤独的战士，这是她人生

的悲哀。凯利和她的伴侣格特·巴斯蒂安[1](Gert Bastian)双双惨死之谜至今未完全解开。

---

[1] 格特·巴斯蒂安,德国少将、绿党政治家。

安格拉·默克尔

Angela Merkel，1954年7月17日诞生于汉堡，政治家

默克尔在出生后不久就随父母从汉堡搬去了民主德国。这样的东西迁徙对一个20世纪50年代的新教牧师而言并不寻常。默克尔在莱比锡学习物理学专业，1989年之前在位于柏林－阿德列尔肖夫的民主德国国家科学院任职。她在短暂加入民主崛起组织[1]（Demokratischer Aufbruch），后于1990年加入基民盟，在前几次全德选举中获得议会席位。默克尔成为德国首位女总理和世界上最有权力的女人之路似乎是顺理成章的，也有时运的原因。得到科尔支持的默克尔首先当上了妇女和青少年部部长（1991—1994），后任环保、自然保护和核安全部部长（1994—1998），接着任基民盟秘书长（1998—2000）。在基民盟于2000年爆出献金丑闻时她勇敢地站到基民盟革新运动前列。2002年议会选举时，她本可以与科尔一起成为基民盟的候选人，但让给了斯托伊贝[2]（Edmund Stoiber）。2005年，默克尔首次当选为联邦总理，2013年二度蝉联后在一片批评和惊讶声中德

---

[1] 民主崛起组织，又译作民主启蒙党或民主觉醒组织，是民主德国的一个政治组织，成立于1989年10月，后与民主德国地区的基民盟合并。
[2] 斯托伊贝，德国政治家，巴伐利亚州前总理，基社盟前主席。

国和默克尔画上了等号。她在处于财政危机中的欧洲实行严格的节俭政策。很多人认为她怕冒风险,实际上她是一个行事机敏的政治人物,也会与看起来不可动摇的位置说再见,2011年的核能和能源政策转变[1]时就是这样。

---

1 此处指2011年3月日本福岛核电站发生严重事故,2011年6月30日德国政府做出决定,2022年前将全面弃核,关闭所有核电站,并出台政策,扶持各种新能源发展。

标准养老金领取者

Eckrentner，诞生于1957年，统计模型

他一直是几代雇员和工人的榜样，不过只有少数人才能实现。作为统计实体的他体现了德国作为社会福利国家最重要的成就之一。标准养老金领取者（Eckrentner）是调整养老金数额时的评估基础，诞生于1957年，当时的养老金制度从资本积累模式（Kapitaldeckungsverfahren）转变为现收现付制（Umlagesystem）。它制定了45个个人薪点[1]（Entgeltpunkt，相当于45个工作年[2]），以每年所有缴纳养老保险的人的平均收入作为标准。根据当前的养老金公式（有新、旧联邦州[3]之分），每年都会确定并核准养老金金额。标准养老金领取者被视为基准：如果养老金表现出与标准养老金领取者不相符，它将被调整——冻结，提高或降低。这让标准养老金领取者反复被拿来讨论。一方面这

---

[1] 个人薪点指个人年收入总额与全体参保人的平均年收入总额的比值，最后将每年的比值加总。如果一个领取平均工资的人交足一年的保险金，可得个人薪点中的1分，如果高于平均收入，薪点会高于1分，反之则低于1分。

[2] 45个工作年又称为标准职业生涯，基于如下设定：一位德国雇员从20岁起开始进行连续不间断的全职工作，直至65岁退休，其间一直足额缴纳养老保险。其退休后可获得占其收入70%的养老金，享有最优厚的退休福利。

[3] 新联邦州指两德统一后并入的5个原民主德国联邦州。

涉及养老金的实际金额。一个人为了生存需要什么？应当得到多少退休金？通货膨胀率有多高？另一方面，标准养老金领取者受到的总是质疑：有谁已经连续45年按德国人均收入缴纳养老保险？养老金管理部门会不会使用了对大多数人并不适用的金额来进行计算？考虑到较低的实习薪水和变长的学习和实习时间，是否应制定符合实际的薪酬模型？标准养老金领取者尽管受到瓦尔特·里斯特[1]（Walter Riester）和伯特·吕鲁普[2]（Bert Rürup）的质疑，并且经常被宣布"死亡"，导致现在时不时要进行"整容手术"，但依然勇敢地坚持到了今天。在这方面可以说标准养老金领取者是德国养老保险的决定性因素。

---

[1] 瓦尔特·里斯特，德国社民党政治家，1998年至2002年任联邦劳动与社会秩序部部长。
[2] 伯特·吕鲁普，德国经济学家。

交通灯小人

Ampelmännchen，1961年10月13日诞生于东柏林，道路交通标志

民主德国保留下来的东西并不多，比如小沙人[1]（das Sandmännchen）和右转弯箭头[2]，那交通灯小人呢？前面的两个在1990年两德统一后很快融入原联邦德国地区，而交通灯小人却早就不得不为其生存而担忧。交通灯小人由交通心理学家卡尔·佩格劳（Karl Peglau）于1961年10月设计，用形象易懂、具有象征意义的器具来点缀当时还没有交通灯的民主德国的步行街。然而，在柏林墙倒塌时，没有人对这两个交通标志的命运感兴趣。因此，在接下来的几年里，无性别标识的原联邦德国地区的交通标志几乎在全国范围内取代了交通灯小人。不过救星来了。当承诺的"繁荣景象"未能实现时，三分之二的原民主德国地区民众将自己视为"二等公民"，萨克森州交通部部长于1995年决定在本州重新启用交通灯小人。他的理由是：它们应该

---

1 《小沙人》是一部德国儿童寝前定格动画电视节目，首播于1959年11月22日。民主德国和联邦德国都曾在1959年至1989年间播出这一节目。
2 右转弯箭头的符号是一个绿色的箭头。当红绿灯下方或旁边设置这个箭头时，即使是红灯，也可以在不影响直行车辆的情况下右转，否则必须和直行车辆同时放行。

表达一种"民主德国身份"。不过实际的"反抗"发生在柏林。起初,图宾根一位工业设计师在1996年夏天将拆除的交通灯改造成客厅灯,并将其售出,赚了钱。同年,艺术家和商人成立了"拯救交通灯小人"委员会。他们设计了T恤,印制海报,并成功推出了德国首个互联网活动。报纸写道:作为"性别符号"的"可爱小人"并不仅仅在照明面积和交通安全方面优于它们"纤细的联邦德国同事"。在两德统一后这是第一次出现了关于民主德国事物的正面报道。政治家们别无他法,只能将这些标志留下来,特别是在原民主德国地区。这些交通灯照亮了通往以前的民主德国地区的道路,现在至少还有一件民主德国的小东西在发光。

施特菲·玛利亚·格拉芙

Stefanie Maria Graf，1969年6月14日生于曼海姆，网球运动员

书写体育历史的德国人并不多。这些人包括奥运会传奇、皮划艇运动员比尔吉特·菲舍尔（Birgit Fischer），获得四山跳台滑雪锦标赛（Vierschanzentournee）一赛季全部四站冠军的斯文·汉纳瓦尔德（Sven Hannawald），100米世界纪录保持者阿明·哈里（Armin Hary），世界一级方程式锦标赛冠军迈克尔·舒马赫（Michael Schuhmacher），还有网球运动员格拉芙。格拉芙最初在父亲的指导下训练，1982年转为职业运动员，1987年获法网冠军后赢得首个大满贯，之后独霸网坛。她曾377周（其中连续186周）排名世界第一，创下时间最长的纪录，22次获大满贯，在国家队两获联合会杯。她的成就直到今天仍难以超越。1988年格拉芙获得金满贯：四大满贯加汉城奥运会冠军。格拉芙和同时期一起在莱蒙训练中心训练的优秀男运动员鲍里斯·贝克尔（Boris Becker）引发了德国的网球热潮，将网球水平提高到一个新阶段。她完善了技术，开发出多种新的击球方式。媒体根据她的打球风格为她起了"冷酷伯爵夫人"（Gräfin Gnadenlos）、"正手姑娘"（Fräulein